D1822503

अमिताभ चौधरी

बांग्ला भाषा के महत्त्वपूर्ण साहित्यकार अमिताभ चौधरी का जन्म 16 जुलाई, 1928 को सिलहट (अब बांग्लादेश) में हुआ था। विभाजन के बाद उनका परिवार असम की बराक घाटी में आ बसा। उन्होंने कलकत्ता और शान्तनिकेतन में शिक्षा पाई। बाद में शान्तिनिकेतन के विश्वभारती विश्वविद्यालय में अध्यापन किया। 1956 में पेशेवर तौर पर 'आनन्द बाजार पत्रिका' से जुड़े और कुछ समय तक इस अख़बार के समाचार-सम्पादक रहे। फिर 'युगान्तर' और 'आजकल' अख़बारों के साथ भी जुड़े। अपने पत्रकार जीवन के दौरान इन्दिरा गांधी, शेख मुजीबुर रहमान और सुचित्रा सेन जैसी हस्तियों से उनकी नजदीकी बनी।

उनकी प्रमुख कृतियाँ हैं—'महाजन संग', 'जोड़ासाँकोर ठाकुर परिवार', 'कवि ओ संन्यासी', 'भारतीय भाषाय मुस्लिम साहित्य', 'इस्लामिक भाषाय मुस्लिम साहित्य', पीसाहबेर मजार', 'दर्शनचिन्ता ओ साहित्य विचार', 'विश्वसाहित्ये विंश शताब्दीर कविता' (प्रथम खंड एवं द्वितीय खंड), 'निन्निर जन्म', 'रवीन्द्र पंचमी', 'अमिताभ चौधुरीर श्रेष्ठ कविता', 'एकत्रे रवीन्द्रनाथ' (दो खंड), 'सूर्यास्ते आगे रवीन्द्रनाथ', 'छड़ानो छड़ा', 'कातेर तलोयार', 'साहित्य आलोचना', 'चर्चित चर्वन', 'जलछवि', 'स्वर्गेर काछाकाछि', 'इसलाम ओ रवीन्द्रनाथ', 'रवीन्द्रनाथेर परलोकचर्चा', 'आमार बन्धु सुचित्रा सेन', 'जमींदार रवीन्द्रनाथ', 'रवीन्द्रनाथेर असुख-बिसुख'।

उन्हें 1983 में भारत सरकार ने 'पद्मश्री' से अलंकृत किया। 2013 में पश्चिम बंगाल सरकार ने उन्हें 'बंग विभूषण सम्मान' प्रदान किया और सिलचर विश्वविद्यालय ने मानद उपाधि से सम्मानित किया।

1 मई, 2015 को उनका निधन हुआ।

रवीन्द्रनाथ की परलोकचर्चा

अमिताभ चौधरी

अनुवाद

म. ना. भारतीभक्त

राजकमल पेपरबैक्स

मूल बांग्ला कृति 'रवीन्द्रनाथेर परलोकचर्चा' का अनुवाद

राजकमल पेपरबैक्स में
पहला संस्करण : 2024

राजकमल पेपरबैक्स : उत्कृष्ट साहित्य के जनसुलभ संस्करण

राजकमल प्रकाशन प्रा.लि.
1-बी, नेताजी सुभाष मार्ग, दरियागंज
नई दिल्ली-110 002
द्वारा प्रकाशित

शाखाएँ : अशोक राजपथ, साइंस कॉलेज के सामने, पटना-800 006
पहली मंज़िल, दरबारी बिल्डिंग, महात्मा गांधी मार्ग, प्रयागराज-211 001
1, अनमोल सोराबजी सन्तुक लेन, मरीन लाइंस, मुम्बई-400002
वेबसाइट : www.rajkamalprakashan.com
ई-मेल : info@rajkamalprakashan.com

विकास कंप्यूटर एंड प्रिंटर्स
ट्रॉनिका सिटी-201 102
द्वारा मुद्रित

मूल्य : ₹299

RAVINDRANATH KI PARLOK CHARCHA
by Amitabh Chowdhury
Translated by M.N. Bhartibhakta

ISBN : 978-93-6086-091-2

पितृलोक एवं मातृलोक के परलोकगत
पूर्वपुरुषों की स्मृति में

निवेदन

'आनन्द बाजार' के पूजांक (दुर्गापूजा) में 'रवीन्द्रनाथेर परलोकचर्चा' के प्रकाशित होते ही असंख्य परिचित-अपरिचित व्यक्तियों ने मुझे पत्र लिखे, फोन किये। कइयों ने कहा, "चाहे जो हो, निश्चिन्त होकर मर सकूँगा। देखता हूँ, यह परलोक कोई बुरी जगह नहीं।" किसी-किसी ने यह धारणा बनाई कि मेरी प्लांचेट और माध्यम (मीडियम) में आस्था है। मुझे साथ लेकर प्लांचेट की मजलिस बिठाने का प्रस्ताव भी आया। दो-एक ने रवीन्द्रनाथ की आत्मा को प्लांचेट पर उतारकर यह जान लिया कि मैंने जो कुछ लिखा है वह सत्य है या नहीं। जो लोग प्लांचेट का प्रयोग करते हैं, जिन्हें परलोकतत्त्व पर आस्था है, उनमें से कुछ ने कहा, "हमारे धारणामूलक परलोक के साथ इस परलोक का भी अच्छा मेल खा गया।"

महत्त्वपूर्ण पत्र डॉ. अमियचन्द्र चक्रवर्ती का है। डॉ. चक्रवर्ती रवीन्द्रनाथ की परलोकचर्चा के प्रमुख लिपिकार रह चुके हैं। (दूसरे, मोहनलाल गंगोपाध्याय, अब परलोक में।) डॉ. चक्रवर्ती उन दिनों रवीन्द्रनाथ के निजी सचिव थे। परलोकतत्त्व में निश्चय ही उनका विश्वास नहीं। इन दिनों वह न्यूयार्क की 'न्यू पल्ज यूनिवर्सिटी कॉलेज' में प्राध्यापक हैं।

वहीं से उन्होंने जो पत्र मुझे लिखा है, उसमें उन्होंने स्पष्ट रूप से यह बताया है कि रवीन्द्रनाथ की परलोकचर्चा 'महापौरुषेय बाल-क्रीड़ा' थी। ऐतिहासिक प्रयोजनवश डॉ. चक्रवर्ती के पत्र का एक बड़ा अंश यहाँ उद्धृत है। उन्होंने लिखा है—

> मनुष्य के चिन्तन से उत्पन्न विशुद्ध कल्पना को छलना न कहकर माया-रचना कहना ही उत्तम है—स्मृति-विस्मृति को लेकर क्रीड़ा—उसके साथ ध्रुव सत्य का योग नहीं है। रवीन्द्रनाथ के सन्दर्भ में इसे महापौरुषेय बालक्रीड़ा कहेंगे, अस्वीकृति को ही दूसरी तरह से अभिव्यक्ति देने की चेष्टा, जिसे उन्होंने स्वयं नहीं ग्रहण किया उसे जैसे अतिशयोक्ति के जरिये भूल समझना चाहना। विशेष उत्तेजनामय अवस्था में पेंसिल का द्रुतगति से चलना, एवं उसके साथ ही दर्शक-श्रोताओं के मन को किसी अन्य जगत से बाँध देना सम्भव है, क्योंकि पहले ही मान लिया गया है कि सभी कुछ भौतिक सत्य है। उस भौतिक प्रकरण के द्वारा ही इच्छानुसार चाहे जिस किसी परलोकवासी को जब-तब लाया जाता है, इसमें युक्ति और तर्क की बात नहीं उठती। श्रेष्ठतम कवि ने भी जो इस सम्मोहन को नहीं मानने पर भी माना है, जो चले गए उन्होंने भी अपने काल्पनिक हृदय-बन्धन से मुक्ति नहीं दी है, वह भी पारलौकिक संगोष्ठियों में मैंने बीच-बीच में देखा था। किन्तु जीवन-मृत्यु चरम प्रसंग में कौतूहल अथवा किसी विशेष कौशल-प्रक्रिया को सत्य का सम्मान देना सत्य का असम्मान है। आवश्यक नहीं

था कि सत्य-सन्धानी और ज्ञानी कवि यह बात कहें, अत: मेरे जैसा सामान्य जन भी कहता है कि उन्होंने सम्मति जताई है। उनके मन की थोड़ी-सी दुविधा को लक्ष्य कर मैंने अन्तहीन प्रश्न किया है, 'यह तो बड़ी आश्चर्यजनक घटना है, सोच ही नहीं सकता।' उत्तर मिला है, 'ठाकुर-परिवार में सब कुछ सम्भव है—देखा तो!' (अर्थात् विश्वास मत करो।) फिर सीधे जोर देकर तक कहता हूँ, 'लेकिन यह असली नहीं।' उत्तर साथ-ही-साथ पाया है, 'किस तरह जान लिया?' (समझ जाता हूँ, दावा मैंने सर्वज्ञता का किया था।)

रवीन्द्रनाथ मेरे और अन्य लोगों के अविश्वास की बात को जानते थे। हमारे ऊपर अपनी प्रभुत्व-शक्ति का प्रयोग नहीं करके उन्होंने अपनी चारित्रिक क्षमता का परिचय दिया था। उनके कुछ दिनों के उस खेल में हमने भी बाधा नहीं डाली, क्योंकि हमें पता था कि वस्तुत: वह भी विश्वास नहीं करते थे। विश्वास-अविश्वास से आन्दोलित उनके मन में अनेक सूक्ष्म चिन्ताएँ, चैतन्य की अनुभूति जाग उठी थी, इसीलिए उस समय के अनुसार वह तृप्त थे। शायद और भी दृढ़ता से विरोध प्रकट करना उचित था, फिर तो उस प्रकार के नोट्स लेने के प्रहसन से मुक्त रहता, अल्पवयसी दुस्साहसिकता दिखाना यद्यपि अच्छा नहीं होता। मेरी इस प्रकार की अवस्था और भी हुई है। उनके द्वारा दी हुई औषधि, पथ्यादि ग्रहण करने की बात को लेकर। दूसरी तरफ बूँद-बूँद औषधि (बायोकेमिक) खाने से लाभ भी नहीं

हुआ, क्षति भी नहीं हुई—नितान्त स्नेह और बलात् विश्वास की अतिशयतावश इस महाकारुणेय पुरुष ने हमारे लिए जो कुछ किया, उसका मूल्य हमने और तरह से पाया है।

कवि ने जो सुनना चाहा, वही सुना था, अपनी ही बातों की प्रतिध्वनि ने उन्हें मुग्ध किया है। इसीलिए परलोक से भी उनके प्रिय वृक्षलोक का ही संवाद आया है। अपनी पुस्तकों में उल्लिखित 'आत्म-सृष्टि' के सम्बन्ध में रंचमात्र नया संवाद नहीं आया। अज्ञात को स्वीकार करने के द्वारा ही ज्ञात का परिचय—यह उन्हीं की उक्ति है—अतः भौतिक कार्य-कलाप द्वारा ही सबको सहसा ज्ञात हो जाए, इसी तरह का व्यवहार वह करेंगे। ज्ञात की परिधि को विस्तृत करने की बात और है, यह उपलब्धि हम उनकी अनगिनत रचनाओं में पाते हैं।

सत्ता का गम्भीर दर्शन यहाँ आलोच्य विषय नहीं। परलोक के साथ सम्पर्क की बात को रवीन्द्रनाथ 'पूरी तरह से उड़ा नहीं देते' अतः उसे 'धार्मिक विश्वास के साथ नहीं जोड़ते'—आपका यह उल्लेख समीचीन है। लेख में आपने इस बात को स्पष्ट किया है।...एक बात फिर कहूँ। रवीन्द्रनाथ का परिवार ही इस आकाश-पृथ्वी के परिवार को जोड़े हुए है, जब-तब परम आत्मीय जनों को बुलावा भेजते हैं, इस प्रयास के मध्य मैं पता नहीं कैसी एक निर्ममता का अनुभव करता हूँ। इस सम्बन्ध में 'पारलौकिक' वृत्तान्त से मेरी चेतना कुछ पकड़

> नहीं पाती, लेख-संग्रह में अस्तित्व-सम्बन्धी आस्था का प्रभाव—जो उनकी रचना, कथावार्ता में कभी नहीं रहा—आ मिला है। जो लोग कवि के सांसारिक जीवन में घनिष्ठतम थे, वे सृष्टि के प्रारम्भ से अवसान तक आत्मीय स्वजन के रूप में, वय-विशेष के कंठस्वर में, आबद्ध रहें—इस तरह की बात सोचते भी नहीं बनती। इसमें पारलौकिक भौतिक असंगति है और सम्बन्ध का अभाव ही इससे द्योतित हुआ है।
>
> उमा देवी की आत्माच्छन्न तत्परता के प्रति मैं बहुत ही आकृष्ट हुआ था—वह असामान्य महिला थीं। किन्तु अवचेतन की तीव्रता और किसी-किसी की आश्चर्यकारी स्नायविक शक्ति परलोक का प्रमाण नहीं। मनस्तत्त्व और मानवीय आदान-प्रदान के क्षेत्र में उस ज्ञात एवं अज्ञात सूक्ष्म शक्ति का और भी मूल्यांकन हम धीरे-धीरे ही कर पाएँगे। रवीन्द्रनाथ के पत्र एवं कथा-वार्ता से जो कुछ उद्धृत किया है वह समुज्ज्वल है, वह दार्शनिक एवं कविदृष्टि में ही वहाँ उद्‌भासित है। आपने उनके अहंकारमुक्त, नितान्त अन्वेषणशील अन्तरतम का परिचय प्रस्तुत किया है, आपकी प्रांजल, अनुशीलित भाषा का जो उत्कर्षपूर्ण समावेश हुआ है, उसके प्रति मैं श्रद्धा व्यक्त करता हूँ।

डॉ. चक्रवर्ती ने अपने विश्वास-अविश्वास की बातें सुन्दर ढंग से प्रस्तुत की हैं। कहने की आवश्यकता नहीं, यह उनका व्यक्ति अभिमत है। लेकिन अपने 'पारलौकिक सम्पर्क' के काफी बाद अनेक बार रवीन्द्रनाथ

ने और ही तरह से अपना मत व्यक्त किया है। विशेषत: श्रीमती रानी महलानविस को उन्हीं दिनों लिखे गए पत्र में 'माध्यम-प्रक्रिया' सम्बन्धी उनके मनोभाव स्पष्ट रूप से व्यक्त हैं।

अब ऋण स्वीकार करने की बात। रवीन्द्रनाथ की परलोकचर्चा से सम्बन्धित तथ्यों के संग्रह में मुझे सर्वप्रथम पार्थ वसु ने उत्साहित किया। रवीन्द्र-जीवन और रवीन्द्र-साहित्य सम्बन्धी उनके ज्ञान ने मुझे कितनी ही बार विस्मय में डाल दिया है। नाना तथ्यों के द्वारा उन्होंने मेरी सहायता की है। मैं उनके समक्ष ऋणी हूँ और ऋणी रमापद चौधरी के समक्ष भी हूँ। उन्हीं के प्रयास और आग्रह से 'आनन्द बाजार' के पूजांक (1380 बं.) में मेरा लेख इतनी धूमधाम से प्रकाशित हुआ।

इसी प्रसंग में विश्वभारती के उपाचार्य श्रद्धेय डॉ. अतुलचन्द्र गुप्त के प्रति कृतज्ञता ज्ञापित करता हूँ। उन्होंने शान्तिनिकेतन के रवीन्द्र-सदन में सुरक्षित मूल्यवान तथ्यादि के उपयोग की अनुमति देकर मुझे बाध्य किया। इसके अलावा रवीन्द्र-सदन के कर्मचारी शोभनलाल गंगोपाध्याय, पशुपति शासमल, चितरंजन देव, गौर साहा और अजित पोद्दार तथा पूर्णानन्द चट्टोपाध्याय और देवी चट्टोपाध्याय ने मेरी नाना प्रकार से सहायता की है।

अलक मित्र ने अतिरिक्त छायाचित्र उतार दिये। पुस्तक की साज-सज्जा का भार पूर्णेन्दु पत्री ने स्वेच्छा से लिया। मैं कृतज्ञ हूँ।

—अमिताभ चौधरी

रवीन्द्रनाथ की
परलोकचर्चा

एक

भिन्न लोक से नीरव अशरीरी आत्माएँ आती हैं। वे आती हैं उस प्रियजन के एकाग्र आह्वान पर, जो किसी समय उनका अन्तरंग था। आँखें उन्हें देख नहीं पातीं, हाथ उन्हें छू नहीं पाते, तब भी समझ में आ जाता है कि वे कौन हैं, कौन आए हैं। इसी जगत का कोई और व्यक्ति उनकी बातों का संवाहक होता है। उसी संवाहक के हाथ से अभिव्यक्ति पाने लगते हैं उनके मन के भाव, सुख-दुख, हँसी और आह्लाद।

कोई एक आते हैं और कोई एक जाते हैं। जैसे कोई विराट नाट्यशाला हो। प्रवेश और प्रस्थान। कोई अपना नाम बताते हैं, कोई नहीं बताते। रहस्य की जटाएँ कभी खुलती हैं, कभी बढ़ती हैं। सारे प्रश्न, सारी जिज्ञासाएँ छोड़ जैसे सब एक ही बात कह देना चाहते हैं, "हम खत्म नहीं हो जाते, हम हैं, हैं, हैं!"

साथ-ही-साथ फिर प्रश्न उठता है, "कौन हो तुम, तुम कौन हो?" वही प्रश्न लौटकर घर के कोने-कोने में, बाहर की फिजा में, वृक्ष के पत्तों में भटकता है; बहुत दूर से प्रतिध्वनि उठती है, "कौन, कौन, कौन?"

कौन?

—भेज दिया तुम्हारी नई बहूरानी ने।

ज्योतिदादा! उस दिन आपकी बातें सुनकर मैं बहुत उपकृत हुआ। मन को शान्त कर पाया हूँ।...

—मैं जानता हूँ, तुम कर पाओगे।...

प्रश्नकर्ता छोटे भाई रवीन्द्रनाथ हैं। किन्तु बातचीत यह आमने-सामने नहीं होती, आकाश से बातें होती हैं। वह हेमन्त की एक मलिन संध्या थी जब शान्तिनिकेतन के उदयन-कुटीर के एक कक्ष में, अपने कनिष्ठ भ्राता के आह्वान पर ज्योतिरीन्द्रनाथ ठाकुर की अशरीरी आत्मा एकबारगी आ उपस्थित हुई थी। परलोकगत और भी अनेक लोग आए थे—सभी रवीन्द्रनाथ के प्रियजन। ज्येष्ठा पुत्री माधुरीलता, कनिष्ठ पुत्र शमीन्द्रनाथ, 'छोटी बहू' मृणालिनी (पत्नी), 'नई बहूरानी' कादम्बरी (भाभी), अजित चक्रवर्ती, सत्येन्द्रनाथ दत्त, सुकुमार राय, सतीश राय, मणिलाल गंगोपाध्याय, सन्तोष मजूमदार—असंख्य अशरीरी आत्माएँ।

मृत्यु तो सबको मिटा जाती है, तब भी ये सब आए कैसे? आए वे सब एक माध्यम (मीडियम) का आश्रय लेकर। 'माध्यम' है रवीन्द्रनाथ ठाकुर के मित्र और 'काव्यग्रंथावली' के सम्पादक मोहितचन्द्र सेन की पुत्री उमा—जिसका पुकार का नाम है 'बूला'। सुन्दरी, कृशकाया, कवयित्री। शयनकक्ष के बीचोबीच वे दोनों गोलाकार हो बैठते हैं। रवीन्द्रनाथ और उमा, अर्थात् बूला। बूला के हाथ में लिखने की एक कॉपी और पेंसिल है। पास ही कुछ अन्तरंग बन्धु स्तब्ध-विस्मित बैठे हैं। अवनीन्द्रनाथ, नन्दलाल बसु, प्रशान्त महलानविस, अमिय चक्रवर्ती, मोहनलाल गंगोपाध्याय, मीरा देवी, अमिता ठाकुर तथा और भी अनेक। यह मजलिस कभी जोड़ासाँकोवाली 'ठाकुरबाड़ी' के तीसरे तल्ले पर जमती है, कभी शान्तिनिकेतन के 'उदयन' में। एक-एक बार, एक-एक दल।

अन्य लोग दर्शक हैं, प्रश्न सिर्फ रवीन्द्रनाथ करते हैं। पहले आह्वान, उसके बाद प्रार्थित आत्मा उमा देवी की काया में उतरती है। प्रश्न करने के साथ-साथ उमा देवी के हाथ, सामने रखी कॉपी पर, असम्भाव्य द्रुतता से उत्तर अंकित करते जाते हैं। कहीं कोई रुकावट नहीं, वक्तव्य में असम्बद्धता भी नहीं। इसके अतिरिक्त सांसारिक जीवन में जिसके मुख की जैसी भाषा थी, ठीक जैसे उसी की अभिव्यक्ति इस वार्तालाप में होती है, तथा एक व्यक्ति जाते हैं तो एक और व्यक्ति आते हैं।

कौन हो तुम?

—बेला।

बेला? अच्छी तो है?

—हाँ, ठीक हूँ।

पृथ्वी पर की सभी बातें याद हैं? यहाँ से तेरा सम्पर्क है?

—है क्यों नहीं!

शमी से भेंट होती है? उसे निकट पाती है?

—हाँ, यही पास ही तो था। अभी भी साथ ही रहता है।...

बड़ी बेटी बेला चली गई, कोई और आत्मा आई। प्रत्येक के साथ लम्बी बातचीत चलती है। प्रश्न रवीन्द्रनाथ इस प्रकार करते हैं जिससे लोग समझते जाएँ। इस बार अजित चक्रवर्ती आए।

कोई आए हो? नाम क्या है?

—अजित।

तुम्हारे यहाँ तो मानवात्माओं का सम्मिलन होता है, क्या किसी सभ्यता का उदय हुआ है? सबके सम्मिलित प्रयास से?

—वह कोई लकीर खींच देना तो है नहीं, वह एक विराट व्यापार है।...

इसी प्रकार घंटों चलता है। सुबह और शाम, दोनों वक्त। रवीन्द्रनाथ के प्रश्नों को कभी अमियचन्द्र चक्रवर्ती और कभी मोहनलाल गंगोपाध्याय एक अलग कॉपी में लिपिबद्ध करते जाते हैं। किन्तु हमारा ऐसा दुर्भाग्य कि क्रमानुसार सभी प्रश्न एवं सभी उत्तर लिपिबद्ध नहीं हुए। 1929 ई. के नवम्बर और दिसम्बर महीनों के मात्र चार दिनों के वार्तालाप पूर्णत: लिपिबद्ध रह गए हैं। बाकी वार्तालाप कुछ निरुद्देश्य और कुछ असम्बद्ध अवस्था में रवीन्द्रनाथ के पत्रों में हैं। रवीन्द्रनाथ ने स्वयं रानी महलानविस को लिखे गए एक पत्र में अफसोस जाहिर किया है, "मुझे दुख यही है कि इन बातों को किसी ने लिखकर नहीं रखा।"

रानी महलानविस को लिखे गए उसी पत्र के सूत्रों के सहारे मैं रवीन्द्रनाथ की परलोकचर्चा के जगत में प्रवेश करता हूँ। मेरा कौतूहल मुझे शान्तिनिकेतन के 'रवीन्द्र-सदन' में खींच ले जाता है। खोजते-खोजते मैं शून्य में आत्माओं के साथ हुई बातचीत के अनेक लिपिबद्ध कथोपकथन पा जाता हूँ।

सब नहीं, किन्तु जो पाया उसकी तुलना भी नहीं। आठ कॉपियाँ उसी लौकिक वार्तालाप से भरी हुई। एक में उत्तर, दूसरे में प्रश्न। सबको सुसम्बद्ध करने पर एक नये रवीन्द्रनाथ आविर्भूत हुए। बहुत सारे दुख, बहुत से शोक उनके अन्तर में जमा थे। अशरीरी प्रियजनों के साथ हुई बातचीत के दौरान प्रत्यक्ष हो उठती है कभी स्नेहातुर पिता की आकृति,

कभी पत्नी-वियोग से आकुल पति की छवि। फिर देखते हैं कि कभी वह प्रिय शिष्य के वियोग-शोक में डूबे कवि हैं, तो कभी परलोकगत ज्येष्ठ भ्राता के निकट वही 'छोटे भाई रवि' रह गए हैं।

रवीन्द्रनाथ उन्हीं दो महीनों में कई दिन विभिन्न आत्माओं को ले आते हैं। रवीन्द्र-सदन में रखी चार दिनों की लिपिबद्ध वार्ता के अलावा कई पत्रों एवं अन्तरंग व्यक्तियों के साथ हुई चर्चा में भी आत्मा को ले आने का उल्लेख है। यह नहीं जान पाता कि 1929 ई. के बाद रवीन्द्रनाथ किसी आत्मा को ले आए थे अथवा नहीं। तब भी इसकी दो-एक कहानी रह गई है कि उससे काफी पहले रवीन्द्रनाथ 'प्लांचेट' की सहायता से कई लोगों की आत्माओं को ले आए थे।

जोड़ासाँको की ठाकुरबाड़ी की अवश्य ही एक प्रमुख विशिष्टता रही है—प्लाचेंट पर परलोकचर्चा। परलोकतत्त्व को लेकर कितने ही लोग माथा-पच्ची करते, अशरीरी आत्माओं को लाया जाता। उसका प्रथम उल्लेख हम 'जीवनस्मृति' में पाते हैं। ठाकुरबाड़ी के किसी खजांची कैलास मुखर्जी को जब प्लांचेट पर लाया गया तब रवीन्द्रनाथ महज बालक थे। मुखर्जी महाशय अपने सांसारिक जीवन में रसिक व्यक्ति थे। परलोक जाने पर भी वह उस रसिकता को विस्मृत नहीं कर पाए थे। प्लांचेट की सहायता से जब उन्हें बुलाया गया और यह पूछा गया कि परलोक कैसी जगह है, तो उन्होंने उत्तर दिया : यह नहीं होगा कि मर जाने पर अत्यन्त कष्टपूर्वक जो कुछ वह जान पाए, उसे प्रश्नकर्ता लोग बिना मरे ही जान लें!

रवीन्द्रनाथ के बाल्यकाल की एक और प्लांचेट-कथा का प्रमाण है उन्हीं का एक पत्र। श्री प्रमथनाथ विशी ने रवीन्द्रनाथ से जानना चाहा कि माइकेल (मधुसूदन दत्त) के सम्बन्ध में उन्हें कुछ याद है अथवा नहीं, क्योंकि किसी समय जोड़ासाँकोवाले घर में माइकेल का आना-जाना था। रवीन्द्रनाथ ने उत्तर में लिखा—

> हमारे घर में माइकेल का आमद-रफ़्त रहने के बाद मेरा जन्म हुआ था। मैंने उन्हें देखा नहीं। एक बार 'प्रेतवाणीवह चक्रयान' (प्लांचेट) पर उनके साथ बातचीत हुई थी, अदालत उसे साक्ष्य के रूप में ग्रहण नहीं करेगा। इति। 21 श्रावण 1344 बं.।

माइकेल की मृत्यु 1873 ई. में हुई थी। रवीन्द्रनाथ की आयु तब 12 वर्ष की थी। अनुमान है कि माइकेल की मृत्यु के कुछ ही बाद उनकी आत्मा को वह 'प्रेतवाणीवह चक्रयान' अर्थात प्लांचेट पर ले आए थे, अपनी बाल्यावस्था में। यह भी अनुमान किया जा सकता है कि माइकेल के समान और भी अनेक अनात्मीय विशिष्ट जन उनके 'प्रेतवाणीवह चक्रयान' की पकड़ में आए थे।

'मालती' पुस्तक में एक और परवर्ती घटना का उल्लेख है। वह पुस्तक कुछ वर्ष पूर्व विश्वभारती से प्रकाशित हुई है। मूल प्रति में रवीन्द्रनाथ की अनेक आरम्भिक रचनाओं की पांडुलिपि के साथ-साथ वह प्लांचेट-लेख भी सुरक्षित रह गया है। विश्वभारती के रवीन्द्र-सदन में रखी उस मूल प्रति में ही देखा है अस्पष्ट हस्ताक्षरों में अंकित—

किस प्रकार सावधान करेंगे?

—करोगे।

उसके लिए क्या करना बेहतर होगा, बताएँ।

—करोगे।

वह जिस विपद में पड़े हैं, उससे क्या छुटकारा पाएँगे?

—शीघ्र नहीं।

क्या न' बहूरानी जाएँगी?
—मैंने कहा तो।
(सनातन मुखोपाध्याय)
मेरे बैठते ही कालीकुमार नन्दी क्यों आते हैं?
—A fool.
उन्हें ताड़ना किस प्रकार दी जाए?
—In the name of God.
उनका नाम कच्चा है, किन्तु जाता नहीं—
—A certainty.
और एक बार लिखें।
—I meant to say, most solemnly.
आज अच्छा जमाव रहा।
—आपको प्रणाम कर विदा होता हूँ—हाँ।
तुम कहाँ रहते हो?
—One one one.
कहाँ रहते हो?
—One one one.
तुम कौन हो? (जानकी बाबू और न' दीदी)
—Cally mohun.
गुणदादा को लाकर ही तुम जाओगे क्या?

1880-81 ई. के प्लांचेट-लेख के मुख्य आयोजक रवीन्द्रनाथ थे, इसमें सन्देह नहीं। न' बहूरानी, न' दीदी, जानकी बाबू, गुणदादा आदि सम्बोधन रवीन्द्रनाथ के ही हैं। न' बहूरानी—बलेन्द्रनाथ ठाकुर की माता प्रफुल्लमयी

देवी, न' दीदी—स्वर्णकुमारी देवी, जानकी बाबू—बहनोई जानकीनाथ घोषाल एवं गुणदादा—अवनीन्द्रनाथ के पिता गुणेन्द्रनाथ ठाकुर। किन्तु कालीकुमार नन्दी और सनातन मुखोपाध्याय कौन हैं, ठीक-ठीक जान नहीं पाता। सम्भवत: बाहरी लोग, जो ठाकुरबाड़ी आते-जाते थे। इनके अलावा और किनकी आत्मा को उस दिन लाया गया था, इसका भी ठीक पता नहीं लग सका। सिर्फ पता चला कि उस दिन से पहले भी अनेक बार प्लांचेट-चर्चाएँ हुई थीं अन्यथा, 'आज अच्छा जमाव रहा' की बात नहीं आती। और दिन निश्चय ही 'अच्छा जमाव' नहीं हुआ था।

अजित कुमार चक्रवर्ती की पुत्री और द्विजेन्द्रनाथ ठाकुर की पुत्रवधू अमिता ठाकुर की बातों से यह भी जान पाता हूँ कि पत्नी मृणालिनी देवी की मृत्यु के बाद रवीन्द्रनाथ शायद अनेक बार उनकी आत्मा को ले आए थे। यहाँ तक कि प्लांचेट पर मृणालिनी देवी की सहमति न मिलने से पुत्र रथीन्द्रनाथ के कई विवाह-सम्बन्ध टूट जाते हैं, और मृणालिनी देवी की इच्छा के अनुसार ही अवनीन्द्रनाथ की विधवा भांजी प्रतिमा देवी के साथ रथीन्द्रनाथ का विवाह होता है। प्लांचेट और माध्यम को लेकर हुई चर्चा के दौरान श्रीमती अमिता ठाकुर ने मुझसे कहा कि द्विजेन्द्रनाथ की पुत्रवधू और द्विपेन्द्रनाथ की पत्नी हेमलता देवी अर्थात् 'बड़ी माँ' ने उन्हें यह बात बताई थी। इसी प्रसंग में बंगाब्द 1352 के वैशाख-आषाढ़ में प्रकाशित 'विश्वभारती' पत्रिका में देशबन्धु की सहोदरा उर्मिला देवी की एक रचना का कुछ अंश उल्लेखनीय है। उसमें उन्होंने लिखा है कि उनकी मँझली दीदी अमला दास से रवीन्द्रनाथ ने अपनी पत्नी मृणालिनी देवी के सम्बन्ध में कहा—

> मनुष्य मरते ही एकबारगी विलीन हो जाता है, जीवित प्रियजनों से उसके सारे सम्बन्ध टूट जाते हैं, इस बात

> में मैं विश्वास नहीं करता। वह (पत्नी) एक दिन मुझे छोड़कर चली गईं, किन्तु जब भी मैं किसी ऐसी समस्या में पड़ जाता हूँ जिसका अकेले समाधान ढूँढ़ पाना मेरे लिए सम्भव नहीं होता, तभी उनके सान्निध्य का मैं अनुभव करता हूँ। सिर्फ यही नहीं, वह जैसे आकर मेरी समस्या का समाधान कर जाती हैं। इस बार भी मैं कठिन समस्या में पड़ा था, किन्तु मेरे मन में अब और कोई दुविधा नहीं है।

ज्योतिरीन्द्रनाथ ठाकुर की पत्नी कादम्बरी देवी की मृत्यु के बाद जो रवीन्द्रनाथ अनेक बार अपनी प्रिय नई बहूरानी को प्लांचेट पर ले आए, उसका उल्लेख भी अनेक स्थलों पर है। कादम्बरी देवी और मृणालिनी देवी को रवीन्द्रनाथ माध्यम के द्वारा भी ले आए थे, किन्तु खेद का विषय है कि रवीन्द्रनाथ की सर्वाधिक अन्तरंग इन दोनों महिलाओं के साथ हुए पारलौकिक वार्तालाप का पूर्णतः लिपिबद्ध रूप मुझे रवीन्द्र-सदन के संग्रह में नहीं मिलता।

तभी मन में आता है कि रवीन्द्रनाथ ने उसकी कुछ प्रतिलिपि कर रखी थी। रानी महलानविस को पत्र में लिखा है कि किसी एक दिन का कथोपकथन "कोई अवसर मिलते ही कॉपी करके भेजूँगा।" हो सकता है कि कॉपी की गई हो और किसी के पास हो या कहीं दबी पड़ी हो। अथवा शायद कॉपी की ही नहीं गई हो।

रवीन्द्र-सदन की कॉपी में नाम नहीं बतानेवाली एक आत्मा का वार्तालाप मुझे मिला है। पढ़ते ही समझ में आ जाता है कि वह कौन हैं। कादम्बरी देवी और मृणालिनी देवी के साथ हुए कवि के वार्तालाप के जो विवरण सुसम्बद्ध रीति से नहीं रखे गए अथवा रखे जाने पर भी

बाद में खो गए, उसका प्रमाण रानी महलानविस को लिखे गए पत्र में मिलता है। पत्नी मृणालिनी देवी के साथ हुए वार्तालाप के सम्बन्ध में कहा है—

> आखिरी दौर के प्रश्नों और उत्तरों को मोहनलाल ने लिखा था। ठीक उन्हीं को सुसम्बद्ध रीति से लिख पाया हूँ। और सबका अस्त-व्यस्त तथा कटे-फटे कागजों के भीतर से उद्धार किया है, किन्तु उन्हें क्रमबद्ध नहीं कर पाता। और भी अनेक बातें लिखी गई थीं, ढूँढ़ने पर भी नहीं मिलीं।

तब भी खोजते-खोजते जो अन्य अनेक सामग्री मैंने फिलहाल पाई है वह भी आकार में विराट है, रवीन्द्रनाथ के जीवन-दर्शन को और भी अच्छी तरह से समझने के लिए अपरिहार्य भी। वे आठ कॉपियाँ सोने की आठ खानें हैं। विश्वभारती के रवीन्द्र-सदन के संचालकों को धन्यवाद है कि भाग्यवश उन्होंने उन जड़ कॉपियों को यत्नपूर्वक सुरक्षित रखा।

1963 ई. के जून मास में मैं शान्तिनिकेतन गया था, कॉपियों की खोज में। उस समय ग्रीष्मावकाश था। राह-बाट में लोगों का आना-जाना कम। अतिथिशाला बिलकुल सुनसान। विशाल भवन में एकमात्र अतिथि—मैं। सुबह-शाम दोनों वक्त मैं आत्माओं के वार्तालाप को लेकर विचारों में डूबा रहता। रात में अकेले जब मैं अतिथिशाला में सोने जाता तो भावों की वह आच्छन्नता दूर नहीं होती थी। लगता जैसे बिना आह्वान के ही वे घर में आ गए हैं। खिड़की की छड़ों से गाल पर हाथ धरे शमी झाँक रहे हैं, भीतर कुर्सी पर कादम्बरी देवी आ बैठी हैं, माधुरी लता जैसे कुछ कहना चाहती हैं। मेरा सारा शरीर सिहर उठता। बिस्तर पर से हाथ बढ़ाकर

स्विच दबाता और रोशनी जला देता। शेष रात्रि अनिद्रा में कटती। किन्तु प्रात:काल सुखद अनुभूति होती। जिन्हें कभी देखा नहीं मगर रवीन्द्रनाथ की रचनाओं और चिट्ठी-पत्रों से अच्छी तरह जानता हूँ, उन्हें मैं सहसा अलौकिक हो उठनेवाले उस पूर्व-पल्ली अतिथिशाला के अपने छोटे-से कमरे में हर रात साथ पाता। इहलोक और परलोक, कुछ दिनों के लिए, मेरे समक्ष एकाकार हो उठे थे।

दो

इन कॉपियों में उपलब्ध वार्तालापों का पूरा विवरण प्रस्तुत करने से पूर्व परलोकचर्चा के प्रति रवीन्द्रनाथ की सामग्रिक दृष्टि की चर्चा आवश्यक है। प्लांचेट या माध्यम की प्रक्रिया में पूर्ण विश्वास रखे बिना ही अनेक लोग परलोकचर्चा करते रहते हैं। क्या रवीन्द्रनाथ भी वही हैं? ऐसा लगता नहीं। इस सम्बन्ध में अनेक चिट्ठी-पत्रों और चर्चा-वार्ताओं का जितना कुछ संग्रह मैं कर पाया हूँ, उससे पता चलता है कि इन सब पारलौकिक वार्तालापों को रवीन्द्रनाथ बिलकुल यों ही उड़ा नहीं देते। विश्वास-अविश्वास के मध्य स्थिर रहने पर भी कथा-वार्ताओं से यह आभास मिलता है कि उनका झुकाव विश्वास की ही ओर था। हाँ, थियोसोफिस्टों की तरह परलोक-तत्त्व को वह धर्म-विश्वास से नहीं जोड़ते थे।

अमरीका में मार्गरि रेक्स नामक एक महिला से बातचीत के दौरान उन्होंने स्पष्टतः कहा, "मृत्यु के बाद के जीवन के सम्बन्ध में मेरी आशा और विश्वास की कोई सीमा नहीं है।" इसी आशा और विश्वास का प्रतिफलन उनके गीतों, कविताओं और निबन्धों में हुआ है। जीवन और मृत्यु को उन्होंने पृथक् करके नहीं देखा और इस नहीं देखने के चलते ही शोक के बाद शोक—पत्नी-पुत्र-कन्या की मृत्यु को निर्विकार भाव से

स्वीकार किया। उनकी दृष्टि में इहलोक से परलोक की यात्रा एक शिशु की भाँति स्तन को छोड़ स्तन से दूर जाना है, एक घर से दूसरे घर में प्रवेश करना है। दोनों घरों के बीच मृत्यु का द्वार है, अतः "इस द्वार को पार करने में संशय क्यों हो?"

जीवन में फूल बनकर खिलने के बाद मरण में जो फल बनता है, उसकी बात भी रवीन्द्रनाथ के कंठ से बार-बार ध्वनित होती है। 'शान्तिनिकेतन' ग्रंथ में एक जगह उनका कथन है—

> जीवन से मृत्यु में पदार्पण करना दिन से रात्रि में संक्रमण करने के समान है। यह बाहर से अन्तःपुर में प्रवेश करना है, अपने-आपको कर्मशाला से माँ की गोद में सौंप देना है।

संशय-सन्ताप-शोक से भरा यह इहलोक बीच-बीच में उन्हें प्रवास जैसा लगता, इसीलिए उन्होंने कहा, "हाय, इस प्रवास में कौन रहेगा!" क्योंकि यह पृथ्वी तो 'दो दिनों की सराय' है, मृत्यु के बाद ही 'चिरदिन का आवास' मिलेगा। उसके बाद? उसके बाद "यदि फिर चाहोगे तो इस सागरतट पर दुख-सुख की लहरियों से खेलने के लिए फिर लौट आऊँगा।"

इतने संशयरहित हो इतने सारे गुरुतर वाक्य कह देने के बावजूद रवीन्द्रनाथ में दूसरे जीवन के सम्बन्ध में और भी जानने के कौतूहल का अन्त नहीं था। बार-बार वे प्रश्न करते, "अन्त में क्या है?" इस श्यामल धरा को इतना प्यार करते हुए भी, इस सुन्दर भुवन में मरना नहीं चाहने की बात करते हुए भी रवीन्द्रनाथ परलोक से सम्पर्क स्थापित करने का प्रयास तरह-तरह से और बार-बार करते हैं। अतीन्द्रिय अनुभूतियों के द्वारा वे सिर्फ टोह नहीं लेते, प्लांचेट और माध्यम की सहायता से अपने परलोकगत प्रियजनों के साथ बातचीत भी करते हैं।

तो क्या तर्कशील रवीन्द्रनाथ प्लांचेट या माध्यम में विश्वास रखते थे? इस विषय में उनके मत स्पष्ट हैं। 1939 ई. में बात छिड़ने पर मैत्रेयी देवी से उन्होंने कहा था—

> तुम जानतीं नहीं कि पृथ्वी पर कितना-कुछ है, क्या इसीलिए कहोगी कि वह सब नहीं है? कितना जानती हो? जानकारी जरा-सी है, जिसकी जानकारी नहीं वह असीम है। उसी जरा-सी पर निर्भर रहकर आँखें बन्द कर लेने और मुँह फेर लेने से बात नहीं बनती। और इसके अलावा मैं यह सोच नहीं पाता कि इतने झुंड-के-झुंड लोग क्रमशः झूठ बोलते जाएँगे। स्थिति इससे अराजक ही हो जाए तो कोई बात नहीं, किन्तु जिस विषय को प्रमाणित नहीं किया जा सके और अप्रमाणित भी नहीं किया जा सके, उसके सम्बन्ध में मन को खुला रखना ही उचित है। किसी एक ही दिशा में झुक पड़ना अन्धानुकरण है। ('मम्पूते रवीन्द्रनाथ')

कवि यह 'खुला मन' लेकर ही प्लांचेट और माध्यम की सहायता से अपने प्रियजनों के साथ वार्तालाप चालू करते हैं। बीच-बीच में उत्तरों को देखकर विस्मित होते हैं। अनेक बार परलोकगत व्यक्ति की आत्मा के उत्तर पर विश्वास भी करते हैं।

इसी प्रसंग में मैत्रेयी देवी के साथ हुई उनकी बातचीत का एक और अंश 'मम्पूते रवीन्द्रनाथ' से उद्धृत करता हूँ :

> जो सिस्टेमेटिकली प्रूव्ड नहीं हो सके, उसी पर अविश्वास होता है। कितनी बातें संसार में प्रमाणित हो चुकी हैं? अलावा इसके, यह हो नहीं सकता कि

ऐसे कुछ का अस्तित्व सम्भव है जिसका कोई प्रमाण न हो। इसका कारण यह है कि सब कुछ मनुष्य की पहुँच के भीतर नहीं है। गोपन रहने के लिए ही वे meant हैं। दैवयोग से किसी-किसी क्षण किसी व्यक्ति-विशेष के मन में उसका प्रकाश कौंध जाता है, किन्तु प्रमाणित करने-जैसा कोई स्थूल चिह्न नहीं छोड़ जाता। यही (बूला) किस प्रकार सब लिख लेती है, कहो तो! उसका कार्य-व्यापार क्या आश्चर्यजनक नहीं...वह क्यों झूठ बोलेगी? छल करने से उसे क्या लाभ होगा?...सभी बातें इस प्रकार बताती है जो उसकी विद्या-बुद्धि के बूते कभी सम्भव नहीं। यकीन करो, जरा भी समय लिये बिना, मेरे प्रश्न करते ही, अच्छे-अच्छे उत्तर, उपयुक्त उत्तर वह फर्र-फर्र लिख डालती है और इसलिए भी उसकी असामान्य शक्ति को स्वीकार करना पड़ता है। मैं क्या प्रश्न करूँगा, यह तो वह और भी पहले से जानती नहीं जो प्रस्तुत होकर आएगी? यही लो न, नई बहूरानी मेरे साथ किस ढंग से बात कर सकती हैं, यह जानना उसके लिए कठिन था। उन्होंने कहा, 'बुद्धू लड़के, अभी तक तुम्हें कोई अक्ल नहीं आई!' यह बात इस ढंग से वे ही मुझसे कह सकती थीं। अनुमान करके यह बोलना क्या उसके लिए सम्भव है? इसके अतिरिक्त और भी अनेक बातें उसने लिखी थीं, जो वह जान नहीं पाती अथवा जिसे वह उस प्रकार व्यक्त नहीं कर पाती। एक बार एक खरी बात उसने लिखी, 'तुम लोग हमसे इतने तरह के

> प्रश्न क्यों करते हो? मृत्यु हो जाने से ही तो हम सर्वज्ञ नहीं हो गए हैं?' कितनी अद्भुत-अद्भुत बातें उसने लिखीं, कई तो समझ में नहीं आईं। शमी कहता है, 'मैं वृक्षलोक में हूँ, वहाँ एक नूतन जगत् की सृष्टि करता हूँ।' कौन जाने, क्या है इसका अर्थ? जिस प्रकार द्रुत गति से लिखती जाती है, आश्चर्य होता है। कोई बात सुनते ही उसका आशय समझकर उत्तर लिखते जाना, एक क्षण भी विराम नहीं लेना—मुझे तो सहज-सम्भव नहीं लगता। इसके अतिरिक्त इतना असत्य बोलने से ही क्या लाभ!...लगता है, खूब हट्टा-कट्टा और ताकतवर मनुष्य अच्छा माध्यम नहीं होता। लेकिन जान पड़ता है, उसकी भी वजह हो सकती है। किसी एक खास श्रेणी के मन के लिए शायद इसे ग्रहण करना सहज होता है। मोटे तौर पर मैं स्वप्न नहीं देखता। स्वप्न बहुत कम देखता हूँ। सिर्फ एक बार नई बहूरानी को स्वप्न में देखा था; वे जैसे चुपचाप घर के बीचोबीच आ खड़ी हुई थीं, मैंने कहा, 'तुम क्यों आईं, यहाँ तो कोई दूसरा तुम्हें चाहता नहीं।'

माध्यम या प्लांचेट पर अशरीरी आत्मा को लेकर रवीन्द्रनाथ के विचार सुस्पष्ट हैं। वे किसी और व्याख्या की अपेक्षा नहीं रखते। वस्तुतः रवीन्द्रनाथ का असीम कौतूहल ही उन्हें परलोकचर्चा की ओर ले गया। वे इन बातों को पूर्णतः अलीक या चमत्कारिक कहकर उड़ा नहीं देते। इस सम्बन्ध में 9 नवम्बर, 1929 ई. को जोड़ासाँको से रानी महलानविस को लिखा गया उनका पत्र विशेष रूप से उल्लेखनीय है। प्रसंगवश

कहना जरूरी है कि यह पत्र लिखने से तीन दिन पहले 6 नवम्बर को वे जोड़ासाँकोवाले मकान के तीसरे तल्ले पर अनेक आत्माओं को लाते हैं। उनके पत्र का प्रयोजनीय अंश है—

> ...उसके बाद बूला ने और एक दिन आकर पेंसिल पकड़ी थी। इस दिन भी अनेक सोचने योग्य बातें लिखित रूप में सामने आईं। एक बहुत आश्चर्यजनक बात पाई गई। शमी आया था। अन्य अनेक बातों के बीच उसने कहा, 'शान्तिनिकेतन के ध्रुव की मुझे याद आती है।' वह बहुत पहले की बात है। ध्रुव और दो अन्य लड़के मेरे ही घर में शमी के साथ रहते थे। बेला ने उनकी देखरेख का जिम्मा लिया—उनके पढ़ने-लिखने में भी वह सहायता करती। जब उसका नाम आया तब मैं कुछ भी याद नहीं कर पाया। अपूर्व (अपूर्वकुमार चन्द) ने कहा, 'हाँ, ध्रुव नाम का एक छात्र था।' रात्रि में बिस्तर पर लेटते ही सहसा उन तीनों की बातें याद आईं। ध्रुव पर बेला बहुत स्नेह रखती थी। यह स्वाभाविक ही है कि उसकी बात शमी को याद आए। किन्तु बुला के हाथ से यह बात कैसे प्रकट हुई? शमी की बातें बड़ी मजेदार हैं। सुकुमार की बातें भी ठीक जैसे उसी की तरह हैं। मोहनलाल ने इन्हें लिख रखा है, किसी समय देख सकती हो।

किन्तु रवीन्द्रनाथ इन बातों में अन्धविश्वासी नहीं। मूलतः वे पूर्ण संशयरहित नहीं थे। कोई-कोई व्यक्ति उन दिनों यह मत जाहिर करते कि सारे लेख उनके अपने ही अवचेतन मन के प्रतिफलित रूप हैं। शुरू-शुरू

में रवीन्द्रनाथ उसे एकबारगी उड़ा भी नहीं देते थे। उमा देवी के हाथ से मृत मणिलाल गांगुलि की बातें प्रकट होने के सन्दर्भ में रानी महलानविस को वे उसी दिन (6 नवम्बर, 1929 ई.) एक और पत्र में लिखते हैं—

> उत्तरों को सुनकर लगा जैसे वही बोल रहा हो। किन्तु इन सब बातों के बारे में पुष्ट प्रमाण नहीं मिलता। इसका प्रमुख कारण यह है कि मन तो पूर्णत: निर्विकार नहीं। उसकी जो धारणा होती है उसका हेतु सर्वदा बाहर नहीं रहता, उसकी अपनी प्रकृति के मध्य ही रहता है। मैंने जब कहा कि लगा जैसे मणिलाल बोल रहा है तब यह मन का लगना पूरा-का-पूरा मेरा आत्मगत हो सकता है। तो भी धारणा बनी कि यह बात माननी है। कुल बातों ने मुझे कितना कुछ सोचने को बाध्य किया।

यह भावना परवर्ती दौर में और भी बढ़ गई थी तथा सम्भवत: ज्यादा झुकाव विश्वास की ओर ही था। जब उमा देवी के हाथ की लिखावट की वैज्ञानिक परीक्षा की बात उठी तब उसके चार दिन बाद (10-11-29) रानी महलानविस को एक और पत्र में वे लिखते हैं—

> ...प्रशान्त ने अपनी चिट्ठी में लिखा है कि बूला के हाथ से जो लिखावटें निकली हैं, उनकी विशेष रूप से परीक्षा आवश्यक है। मुझे लगता है कि इन सब मामलों में अत्यन्त शंकारहित प्रमाण पाना सम्भव नहीं। स्वयं मेरे सम्बन्ध में जिनको फैक्ट्स कहा जाता है, उनको लेकर यदि तुम परीक्षा करो तो प्रमाणित होगा कि मैं रवीन्द्रनाथ ठाकुर नहीं। यदि मैं परीक्षा देने जाऊँ तो उस गीत का भाव भी मुझे याद नहीं रहेगा जिसकी रचना

मैंने स्वयं की है, उसका सुर भी नहीं। एक व्यक्ति ने जानना चाहा था कि जब मैं चन्दननगर बागान में था तब मेरी आयु कितनी थी। मुझे कहना पड़ा था, मैं नहीं जानता। प्रशान्त जानता है कि यह कहना उचित था। मैं जब दक्षिण अमरीका गया था, उसे दो वर्ष या तीन वर्ष या चार वर्ष हुए, मैं निश्चित रूप से नहीं बता सकता। शमी की मृत्यु कब हुई थी, याद नहीं। बेला का विवाह किस वर्ष हुआ था, कौन जानता है! यही नहीं, टेलीफोन पर बातचीत करते समय मेरे सम्बन्ध में जिन बातों को लेकर तुम संशयरहित रहती हो, वह तुम्हारी धारणा मात्र होती है। तुम प्रयास करके ठीक मेरा स्वर, मेरी भाषा, मेरा लहजा बोल लेती हो। कोई दूसरा यदि नहीं बोलता तो उसकी कोई बात नहीं। क्योंकि मोटे तौर पर मेरे व्यक्तित्व की जो छवि तुम्हारे मन में है, वह दूसरे के मन में नहीं हो सकती है अथवा कुछ और तरह की हो सकती है। अस्तु, व्यक्तित्व का यह साक्ष्य ही सबसे सच्चा साक्ष्य है क्योंकि इसको कोई बना नहीं सकता। मेरे जीवन के खास-खास तथ्यों को मुझसे अधिक प्रशान्त जानता है, किन्तु जानने की चेष्टा के बावजूद मेरी सामान्य छवि को वह अपने भीतर विकसित नहीं कर सकता। आत्मा का चरमसत्य तथ्य में नहीं, आत्मा की आत्मिकता में है।

इस बीच परसों बूला के हाथ से एक लिखावट निकली जिसमें नाम प्रकट नहीं हुआ। कहा, 'नाम की जिज्ञासा मत करो, तुम जो मन में सोचते हो वही मैं हूँ।' उसके

> बाद जो सब बातें सामने आईं, वे बहुत विस्मयकर हैं। उनकी सचाई जिस तरह मैं जानता हूँ, उस तरह कोई दूसरा नहीं। कोई अवसर आने पर कॉपी करके तुम्हें भेजूँगा।

आत्मा के अस्तित्व में रवीन्द्रनाथ का विश्वास कितना प्रबल था, उसका परिचय अनेक व्यक्तियों को लिखे गए उनके पत्रों से मिलता है। युवावस्था में ही सहसा अपनी काया और अपनी आत्मा को वे अलग-अलग रूप में देखने लगे थे। 29 अगस्त, 1860 ई. को विलायत-यात्रा के पथ पर अदन से उन्होंने पत्नी मृणालिनी देवी को एक पत्र में लिखा—

> रविवार की रात में मुझे बिलकुल ऐसा लगा कि मेरी आत्मा शरीर छोड़कर जोड़ासाँको चली गई है। एक बड़े पलंग पर एक तरफ तुम सो रही हो और तुम्हारे पास ही बेलि (माधुरीलता) और खोका (रथीन्द्रनाथ) सो रहे हैं। मैंने तुम्हारे ऊपर थोड़ा स्नेह जताया और कहा, 'छोटी बहू, याद रखना कि आज रविवार की रात में शरीर छोड़कर तुम्हें देखने गया हूँ—विलायत से लौटने पर पूछूँगा कि तुमने मुझे देखा था या नहीं।'

अर्थात् रवीन्द्रनाथ अपनी प्रबल प्रतिभा द्वारा अनायास ही अपने-आपको दो खंडों में विभाजित कर लेते हैं। पत्र परिहास में नहीं लिखा गया था तथा हम अनुमान कर सकते हैं कि विलायत से लौट आने पर अवश्य ही उन्होंने पत्नी से पूछा होगा—उस रविवार-विशेष की रात में उनकी अशरीरी उपस्थिति का अनुभव उन्होंने किया था या नहीं! रवीन्द्रनाथ का विश्वास इस मामले में कितना सुदृढ़ था, उसके और भी अनेक प्रमाण हैं।

यह विश्वासप्रवणता जरा भी अस्वाभाविक नहीं थी। बहुत सारे पाश्चात्य वैज्ञानिक, दार्शनिक और साहित्यकार प्रेततत्त्व के अनुशीलन के पीछे पागल हो उठे थे। सर ऑलिवर लॉज, ईट्स, इमानुयेल कांट, कोनान डायल, ब्राउनिंग, रिल्के—कितने नाम गिनाए जाएँ! सर आर्थर कोनान डायल ने तो अपनी 'हिस्ट्री ऑव स्पिरिअलिज्म' नामक पुस्तक में साफ-साफ लिखा है :

> It founds our belief in life after death and in the existence of invisible worlds not upon ancient tradition or upon vague intuitions, but upon proven facts, so that a science of religion may be built up and may give a sure pathway amid the quagmire of the creeds.
>
> [मृत्यु के बाद के जीवन और अदृश्य लोकों के प्रति हमारी आस्था को यह प्राचीन परम्परा अथवा अस्पष्ट अन्तर्बोध के आधार पर नहीं, बल्कि प्रमाणित तथ्यों के आधार पर जमाती है, जिससे कि धर्म का एक विज्ञान विकसित हो सके और मतवादों के दलदल के बीच वह एक निश्चित पथ प्रदान कर सके।]

थियोसॉफिकल सोसाइटी के जर्नलों (जिन्हें रवीन्द्रनाथ नियमित रूप से पढ़ते थे) को पढ़ने पर अथवा स्वामी अभेदानन्द की पुस्तक 'मरणेर पारे' के पन्ने उलटने पर हम पारलौकिक वार्तालाप की अनेक कथाएँ जान सकते हैं। इसी प्रसंग में दो पुस्तकें—ब्रॉड स्टाइगर की 'वायसेस फ्रॉम बियांड' एवं सूसी स्मिथ की 'टू एक्सपिरियन्सेस इन कम्युनिकेटिंग विथ द डेड' (मर्लिन एवन द्वारा सम्पादित)—पढ़ने पर कई विस्मयकारी

घटनाओं से चमत्कृत होना पड़ता है। सुना जाता है कि प्रेसिडेंट अब्राहम लिंकन कोई गम्भीर समस्या उपस्थित होने पर माध्यम के द्वारा परलोकगत आत्मा से राय-मशविरा लेते थे।

एक और बात द्रष्टव्य है। 1929 ई. में उमा देवी के माध्यम से हुए पारलौकिक वार्तालाप के पहले और बाद के रवीन्द्रनाथ के विश्वासों में तारतम्य आता है। दस साल बाद 1939 ई. में वे मम्पू में मैत्रेयी देवी के समक्ष जोरदार शब्दों में माध्यम-प्रक्रिया का समर्थन करते हैं। 1929 ई. से पहले दूसरों के साथ हुई चर्चा में उनका स्वर कुछ और तरह का था।

मैत्रेयी देवी की पुस्तक 'विश्वसभाय रवीन्द्रनाथ' में परलोक के सम्बन्ध में एक सुन्दर तथ्य है—

1920 ई. में 'न्यूयार्क सिटी' अखबार में एक खबर छपती है। उस खबर के ऊपर एक बड़ा-सा शीर्षक है—'सर ऑलिवर लॉज और उनके शिष्यों के प्रमाण भारतीय द्वारा अमान्य।'—कवि इससे विरक्त हो उठते हैं। अनुमान किया जाता है कि ऑलिवर लॉज के मतों एवं प्लांचेट की सहायता से मृतात्माओं के साथ बातचीत के सम्बन्ध में चर्चा करने के लिए कवि के पास जो अमरीकी गए थे, उन्होंने सोचा होगा कि आध्यात्मिक तत्त्व में आस्था रखनेवाले भारतीय कवि से उन्हें पारलौकिक विषय पर अवश्य ही अनुकूल तथ्य उपलब्ध होंगे। किन्तु परिणाम विपरीत हुआ। उन्होंने लिखा—

> लेकिन माध्यम द्वारा मेजचालन आदि भौतिक प्रयोगों के लिए रवीन्द्रनाथ के स्वर में पूर्व ने पश्चिम के प्रति तनिक भी सहानुभूति नहीं व्यक्त की। हमारी उत्तेजना-भरी चर्चा के दौरान भारतीय महाकवि ने कहा, 'मृत्यु के बाद के अस्तित्व के बारे में माथापच्ची करने से

कुछ भी लाभ नहीं। जीवन की प्रवहमानता के सम्बन्ध में हमारे बीच एक स्वाभाविक बोध है, किन्तु मृत्यु के बाद वह कौन-सा स्वरूप ग्रहण करेगा, इसके सम्बन्ध में कोई धारणा नहीं। जिस प्रकार कि अंडे के भीतर कैद पक्षी-शावक नहीं जानता कि उसके छिलके की दीवार के बाहर का जीवन कैसा है। ...यह जीवन और इसके बाद की अवस्था के बीच एक विराट यवनिका की आड़ है। उसका अवश्य ही कोई अर्थ है। जिस तरह कि अंडे के छिलके के अन्दर चूजे को रखने का अर्थ है। यदि पूर्ण परिपक्व होने से पहले ही छिलके को तोड़कर बाहर आना और बाहर की दुनिया से परिचय प्राप्त करना चूजे के लिए स्वास्थ्यकर होता तो निश्चित जानिए, उसकी कोई व्यवस्था भी रहती। किन्तु समय हुए बिना तो छिलका टूटता नहीं। डिम्बकाल के विचार से पक्षी-शावक के लिए यही हितकर है।'

'मृत्यु के बा़द की अवस्था के बारे में कोई निश्चित धारणा बना लेने से काम नहीं चलेगा। वैसा करने की चेष्टा करना ही Materialistic है, वह सिर्फ असीम को सीमा में बाँधने की चेष्टा है। लोग बातें इस तरह करते हैं जैसे मरणोत्तर-काल के बारे में समस्त सूचनाएँ उनके पास हैं। आत्मा और ईश्वर के सम्बन्ध में भी जैसे सब कुछ विस्तार से जानते हैं। इस तरह उन असीम शाश्वत प्रश्नों को सीमित करके सिर्फ दूषित किया जाता है। यह मुझे बिलकुल ही अच्छा नहीं लगता।

'आत्मा पक्षी की भाँति प्रकाशचारी होना चाहती है। ये सब खोजें, तर्क और भविष्य को लेकर की गई तरह-तरह की कल्पनाएँ उसके उस मुक्त पक्ष के आगे बाधाएँ खड़ी करती हैं। इनके द्वारा हम देश और काल की धारणाओं से बँधे रह जाते हैं। इनसे अनन्त अथवा असीम का बोध उत्पन्न करने में बाधा होती है। हमारी साधना कालजयी होने की हो, हमें प्राप्त करना चाहिए वही आनन्द जो परमानन्द है। वह आनन्दबोध जो हमारे अतीत या भविष्य की कोई सूचना नहीं दे, केवल अन्तर का संवाद दे—जो असीम, शाश्वत और चिरविद्यमान है।'

कवि की इस व्याख्या से एक अमरीकी सन्तुष्ट नहीं हुए, बोले, "वह सब यदि सच हो तब भी पाश्चात्य देशों में हम जन्मान्तरवाद के तत्त्व पर मुग्ध हैं तथा हमारे चिन्तन और साहित्य पर इसका प्रभाव बढ़ चला है।"

रवीन्द्रनाथ : "होगा। मेरा कोई मतवाद नहीं है। मैं किसी वाद में विश्वास नहीं करता।"

एक और आगन्तुक बोले, "किन्तु आपसे अधिक सुन्दर रूप में जन्मान्तर के गीत कोई नहीं गाता।" ऐसा कहते हुए उन्होंने मृदु स्वर में आवृत्ति (अंग्रेजी में अनूदित) की—

तुमको ही चाहा है जैसे शत-शत रूपों में शत-शत बार,
जन्म-जन्म में, युग-युग में अनिवार।

रवीन्द्रनाथ ने तब उत्तर दिया, "यह असम्भव नहीं कि हम बार-बार जन्म लेते हों, किन्तु यह केवल अनुमान की बात है। अनन्त के प्रति हमारे

छोटे-मोटे बालकोचित कौतूहल इससे दूर नहीं होते।"

इस जन्मान्तर और परलोक के सम्बन्ध में स्टपफोर्ड ब्रूक्स के साथ भी रवीन्द्रनाथ की लम्बी चर्चा हुई। 'पथेर संचय' ग्रंथ में वे स्वयं ही लिखते हैं—

> बातों-ही-बातों में उन्होंने (ब्रूक्स ने) एक बार मुझसे पूछा कि मैं जन्मान्तर में विश्वास करता हूँ या नहीं। मैंने कहा, 'मेरे मन में अपने वर्तमान जन्म से बाहर की अवस्था के बारे में कोई सुनिर्दिष्ट धारणा नहीं है तथा इसके सम्बन्ध में चिन्ता करने की आवश्यकता भी मैं नहीं समझता। किन्तु जब सोचकर देखता हूँ तो लगता है कि यह कभी नहीं हो सकता कि हमारी जीवनधारा के बीच यह मानवजन्म बिलकुल बेमेल वस्तु है। इसके पहले कभी ऐसा नहीं था, इसके बाद भी कभी ऐसा नहीं होगा। जिस विशेष कारण से विशेष शरीर धारण कर जीवन प्रकट हुआ, वह कारण इसी जन्म में शुरू होकर इसी जन्म में पूर्णत: खत्म हो गया। यही सम्भव प्रतीत होता है कि बार-बार जन्म लेकर शरीर अपने को पूर्णतर करता है। किन्तु यह बात मैं सोच नहीं पाता कि कोई मनुष्य पूर्वजन्म में पशु था और दूसरे जन्म में भी वह पशु-देह ही धारण करेगा, क्योंकि प्रकृति के बीच एक अभ्यास-धारा दृष्टिगत होती है। उस धारा का क्रम सहसा टूट जाए, यह असंगत लगता है।'
>
> ब्रूक्स बोले कि वे भी जन्मान्तर के विश्वास को संगत मानते हैं। उनके विश्वास के अनुसार जब हम एक

> जीवन-चक्र को पूरा कर लेंगे तब हमारे पूर्वजन्म की स्मृति पूर्णतः जाग्रत होगी।

ब्रूक्स के साथ उनकी चर्चा का उल्लेख 'शान्तिनिकेतन' ग्रंथ के 'अग्रसर होवार आह्वान' शीर्षकवाले निबन्ध में है। निबन्ध में वे कहते हैं—

> यूरोपवासियों ने धर्म-विश्वास का एक प्रत्यक्ष प्रमाण खोज निकाला है—प्रेतात्मा का विश्वास, टेलिपैथी आदि जैसी कितनी ही अतीन्द्रिय क्षेत्र की बातों को लेकर वे उन्मत्त हो उठे हैं।

ब्रूक्स के साथ हुई चर्चा के प्रायः 18 वर्ष पूर्व वे 'छिन्नपत्र' के एक पत्र में लिखते हैं—

> जब हम जीवन के सुख-दुख को विच्छिन्न और क्षणिक रूप में देखेंगे, तब अपने अन्तर के सृजन-रहस्य को ठीक से समझ पाएँगे। उसी प्रकार जैसे प्रत्येक पद को खंडित करके पढ़ने पर पूरे वाक्य के अर्थ और भाव की एकता समझ में नहीं आती है। लेकिन जब अपने भीतर के इस सृजन-व्यापार को एक बार हम अपने अनुभव से जान लेते हैं तब सृज्यमान अनन्त विश्व के चराचर के साथ अपने को जोड़ पाते हैं।

परलोक-तत्त्व में विश्वास रखनेवाले वैज्ञानिक ऑलिवर लॉज के साथ रवीन्द्रनाथ का साक्षात्कार हुआ था। लॉज ने मृतात्मा के साथ भावों के आदान-प्रदान और प्लांचेट आदि पर अपने विश्वास के बारे में बहुत सारे प्रमाणों के साथ लिखा था। 1928 ई. के 'स्टेफर्डशायर सेंटिनेल' अखबार में दोनों की भेंट-वार्ता का उल्लेख है।

दूसरे जीवन और जन्मान्तर के सम्बन्ध में हुई उन सब चर्चाओं और मार्गरि रेक्स नामक महिला के साथ हुई चर्चा में कुछ फर्क है। मूल तत्त्व में विश्वास रखने पर भी दूसरे जीवन के सम्बन्ध में रवीन्द्रनाथ कुछ और अधिक कौतूहल उनके समक्ष दिखाते हैं। 'विश्वसभाय रवीन्द्रनाथ' पुस्तक में एक और जगह लिखा है—

> 1920 ई. में 'वाशिंगटन' नामक अखबार में 'एडिसन की मशीन' कही जानेवाली एक मशीन का समाचार देखने को मिलता है। उसमें यही कहा गया कि वह मशीन मृत्यु के बाद की सत्ता के अस्तित्व को निर्धारित करने में सक्षम होगी। मार्गरि रेक्स नामक एक महिला कवि से मिलने के लिए होटल में आती हैं और प्रश्न करती हैं कि मृत्यु के बाद आत्मा का अस्तित्व रहेगा या नहीं तथा 'एडिसन की मशीन' के बारे में उनके क्या विचार हैं।
>
> कवि ने कहा, 'दूसरे जीवन के सम्बन्ध में हम सिर्फ इतना ही सोच पाते हैं कि जो कुछ घटित होगा, उससे अवश्य ही मंगल होगा। मृत्यु है, उसके होने पर भी जीवन नष्ट नहीं होता। जीवन के सभी खंडों के बीच सामंजस्य है, विरोध नहीं। जो नया जीवन पृथ्वी पर आया और उसके साथ जो जीवन पृथ्वी पर था, उन दोनों के बीच एक-दूसरे को ग्रहण करने के लिए जैसे सामंजस्य रहता है, वैसे ही जो जीवन समाप्त होने को है वह भी नई अभिज्ञता की ओर बढ़ रहा है। क्या आशा

> की जाए कि वहाँ भी विरोध नहीं रहेगा, सामंजस्य ही रहेगा? और आप 'एडिसन की मशीन' के बारे में मेरे विचार जानना चाहती हैं। इस मशीन के द्वारा उन्होंने यह समझने का प्रयास किया है कि मृत्यु के बाद भी व्यक्ति की सत्ता का अस्तित्व रहता है या नहीं। किन्तु इसी लोक में रहते हुए हम कभी यह निश्चित नहीं कर पाएँगे कि हमारे द्वारा निर्मित यंत्र से कोई अविनाशी सत्ता उत्तर दे सकती है अथवा देने की इच्छा रखती है। मृत्यु के बाद के जीवन के सम्बन्ध में मेरी आशा और आस्था की सीमा नहीं है। तब भी उसके प्रमाण के लिए मनुष्य के पास कोई मशीन हो, ऐसी आवश्यकता मैं नहीं महसूस करता। मान लिया जाए कि वह मशीन उस सत्ता के पास कोई खबर नहीं पहुँचा सकी, तो इसीलिए उसका अस्तित्व तो अप्रमाणित नहीं हो जाता!

स्वदेश में भी रवीन्द्रनाथ अनेक व्यक्तियों के साथ जन्मान्तर और परलोकतत्त्व को लेकर चर्चाएँ करते हैं। उनमें सबसे महत्त्वपूर्ण है दिलीपकुमार राय के साथ 1926 ई. में हुई चर्चा। उस चर्चा के आधार पर ही 'आलाप आलोचना' शीर्षक से बंगाब्द 1334 के अग्रहायण मास 'प्रवासी' में रवीन्द्रनाथ का एक निबन्ध प्रकाशित हुआ। परलोक के सम्बन्ध में रवीन्द्रनाथ के मनोभावों का उसमें विस्तृत विवेचन है। एक जगह उन्होंने लिखा है—

> जिसको हम जगत कहते हैं, जिसके साथ हमारा व्यवहार चलता है उसको विशिष्ट बोधशक्ति द्वारा विच्छिन्न करके कुछ अनुमान करने का प्रयास करें तो कुछ भी

> अनुमान नहीं कर सकेंगे। सब जानते हैं कि हमारे देखने की शक्ति, सुनने की शक्ति सीमित है। आलोकरश्मि या वायु-तरंग के मात्र एक-एक अति क्षुद्र अंश में ही हमारी गतिविधि रहती है। इसके अलावा मन नामक यंत्र केवल एक विशेष सीमा में एक खास तरह की जानकारी रख पाता है। हम जिस वस्तु को जिस नाम से जानते हैं, वह हमारी सीमाबद्ध विशिष्ट प्राकृतिक बोध-शक्ति के गुण के चलते ही हमारे लिए विशेष रूप से वही वस्तु है। आलोकरश्मि के शिखर की एक झलक हमारी आँखें पा लें तो जो कुछ हम देखते हैं वह बिलकुल और ही तरह का हो जाएगा। हमारे जगत् को शास्त्रों में ब्रह्मांड कहते हैं। यह संसार यदि डिम्ब है तो इसका आवरण या छिलका किससे बना है? हमारे सीमित बोध से। हमारा यह बोधगम्य और ज्ञानगम्य विपुल विश्व हमारे इस विशेष मनःप्रकृति के बीच ही अवरुद्ध है। उस अवरोध के बीच मेरे जो सुख-दुख और चाहें-अपेक्षाएँ हैं, उन्हें मैं सभी अवस्थाओं में एक-सा अनुभव नहीं कर पाता।

रवीन्द्रनाथ की ये बातें सुनकर दिलीपकुमार राय बोले, "एक प्रकार से आप आत्मा की अमरता में विश्वास नहीं करते।"

रवीन्द्रनाथ ने तत्क्षण जवाब दिया, "यह भी तुमने बढ़ाकर कहा। शावक डिम्ब के भीतर रहता है। डिम्ब के बाहर जो कुछ है उसे तो वह बिलकुल नहीं जानता। डिम्ब के भीतर जो कुछ भरा है वह उसका आहार है। उसमें दिन नहीं, रात नहीं। सोच लिया जाए कि वह शावक चिन्तनशील है और दूसरे जीवन की बात सोचता है। अपने डिम्ब के भीतर

की अवस्था को ही चिरन्तन नहीं मानते हुए यह जीव यदि अमरता के सम्बन्ध में कोई रुचि नहीं रखे तो हम मन्द मुस्कान के साथ कह सकते हैं—बच्चू, जरा बाहर आओ और उसके बाद यह चर्चा करो कि तुम्हें क्या पसन्द है या पसन्द नहीं है। अपने मर्त्यजीवन के डिम्ब के भीतर हम जो देखते-पाते हैं, वे सब ही जो अनन्त काल के लिए हमारे श्रेय-प्रेम बन जाते हैं तथा मरने के बाद अपनी 'राल्सरायल' कार की प्रेतात्मा को भी साथ नहीं पाने से जो क्षति या असुविधा होती है, ये सब तो उसी शावक की तरह की बातें हुईं।"

इस पर दिलीप राय का प्रश्न होता है, "हमारी इच्छा वस्तुओं को असीमता प्रदान करना चाहती है। यही क्या एकमात्र प्रमाण नहीं कि हमारे लिए हमारा अमरत्व ही प्रधान है?"

रवीन्द्रनाथ ने तब कहा, "हम क्या इच्छा करते हैं अथवा नहीं करते हैं, वह इसके सम्बन्ध में प्रमाण नहीं। प्रमाण तो हमारे जन्मगत संस्कार के बीच है। उसे अन्ध-संस्कार कह सकते हो—क्योंकि वह युक्ति के अनुरूप है सो नहीं, वह तो युक्ति के प्रतिकूल है। डिम्ब के भीतर का जगत् ही चरम जगत् नहीं, यह शावक की दृष्टि से नितान्त अयुक्तिपूर्ण है। आधुनिक युग के वैज्ञानिक इसी प्रकार शावक की बात को हँसकर उड़ा दे सकते हैं।"

रवीन्द्रनाथ और दिलीपकुमार राय के बीच की यह चर्चा काफी लम्बी है। परलोक के बारे में रवीन्द्रनाथ के मनोभावों को समझने के लिए उनके वक्तव्य के और भी कतिपय स्फुट अंश यहाँ उद्धृत हैं—

> —मैं यह बात नहीं कह पाता कि शरीर से मुक्ति होते ही आत्मा की मुक्ति होती है।
>
> —हमारे शास्त्र कहते हैं कि मुक्ति की अवस्था में नहीं

> पहुँचने तक आत्मा एक शरीर से दूसरा शरीर बदलती, जन्म लेती रहती है।
>
> —मुक्ति अनिर्वचनीय है, मुक्ति प्रमाणातीत है क्योंकि वह चरम सत्य है।
>
> —यह बात मैं सोच नहीं पाता कि मृत्यु के बाद के काल में यहाँ की सभी इच्छाएँ इच्छा के रूप में ही बनी रहेंगी।

अनेक व्यक्तियों के साथ हुई रवीन्द्रनाथ की चर्चाओं और प्लांचेट या माध्यम के सम्बन्ध में उनकी धारणाओं को पास-पास रखने से रवीन्द्रनाथ को समझना आसान होगा। अन्यथा यह बात मन में आ सकती है कि वे मानो प्रेततत्त्व में विश्वास रखनेवाले और पृथ्वी की ओर से विमुख रहनेवाले एक अध्यात्मवादी हैं। माध्यम की सहायता से जिन आत्माओं के साथ उन्होंने जो बातचीत की, उसमें उन्होंने व्यक्तिगत जिज्ञासा की अपेक्षा असीम अनन्त में परिव्याप्त दूसरे जीवन के रहस्य को जानने का आग्रह ही अधिक दिखाया है। इहजीवन और परजीवन परस्पर असम्बद्ध नहीं हैं, मृत्यु के बाद भी नया जगत् है, तथा किसी भी मृत्यु से इस संसार की कोई क्षति नहीं होती—यह बोध उनमें सतत-जाग्रत था। 'शान्तिनिकेतन' ग्रंथ में एक जगह उन्होंने लिखा है—

> वस्तुत: यह संसार तो मिथ्या नहीं है, जोर देकर इसे मिथ्या कहने से क्या लाभ? जो गए, वे गए ही, किन्तु संसार में तो क्षति का कोई लक्षण नहीं देखता। सूर्यलोक में तो कोई कालिमा नहीं आती, अक्षय संसार की धारा आज भी पूरे वेग से बह रही है।

इसी बात की प्रतिध्वनि हम 'चिठिपत्र' के चतुर्थ खंड की एक चिट्ठी में पाते हैं। दौहित्र नीतीन्द्रनाथ की मृत्यु के बाद बेटी मीरा को सान्त्वना देते समय और अपने पुत्र शमीन्द्रनाथ की मृत्यु के समय अपने शोक को उन्होंने किस प्रकार आत्मसात किया, इसका चमत्कारिक वर्णन उन्होंने उसमें किया है। ज्योत्स्ना से आलोकित आकाश की मधुरिमा को चतुर्दिक एक ही प्रकार से झरते देख उन्हें लगा था कि शमीन्द्रनाथ की मृत्यु का चक्र आकाश की नील-निर्मल छटा में क्षति की एक रेखा तक नहीं खींच पाया, विश्व में कहीं भी कुछ नहीं कम हो गया।

शान्तिनिकेतन के भूतपूर्व छात्र हितेन्द्रनाथ नन्दी को लिखा गया पत्र इसी सन्दर्भ में उल्लेखनीय है। वे कहते हैं—

> मृत्यु, दुख, पाप आदि कितनी ही वस्तुएँ हैं जिनके सम्बन्ध में प्रश्नों का अन्त नहीं—मैं यह नहीं देखता कि ऐसी शक्ति हममें से किसी में है जो इनके ठीक उत्तर दे सके। मोटे तौर पर सिर्फ यही बात कही जा सकती है कि मृत्यु अगर सर्वव्यापी है तो उसे जीवन के अंग के रूप में ही स्वीकार कर लेना है। यदि वह जीवन के प्रतिकूल होती तो इतने दिनों में संसार शून्य हो गया होता। अतः यह सोचने की जरूरत नहीं है कि जो चले गए, उनका जीवन-प्रवाह अवरुद्ध हो गया। नदी की तरह एक मोड़ से दूसरी मोड़ पकड़ ली, किन्तु उसका प्रवाह अविच्छिन्न रहा। यदि वह नहीं तो जीवन का इतना प्रचुर अपव्यय जगत् के खाते में कैसे बर्दाश्त किया जाता? और, कुछ भी क्यों न हो, विश्व-व्यवस्था किसी पागल का प्रलाप तो नहीं है।

> इसमें प्रत्येक धूलिकण के सम्बन्ध में पक्का हिसाब दिखाई पड़ता है—क्या केवल प्राण को लेकर ही सभी उच्छृंखल है? किन्तु इसी बात पर यदि कोई प्रश्न करे कि जो प्राण हमारी दृष्टि से ओझल हो जाते हैं उनका क्या होता है तो दो टूक उत्तर दे देना उचित है कि, जानता नहीं। जो लोग कहते हैं कि जानते हैं और परलोक के भूगोल का मानचित्र तक तैयार कर देने की चेष्टा करते हैं, उनकी बातों के एक अक्षर पर भी मेरा विश्वास नहीं। प्रतीक्षा करते रहना अच्छा है, जब जानने का समय आएगा तब अपने-आप सब जान जाएँगे। अंडे के भीतर का शावक नहीं जानता कि अंडे के फूटने पर उसका क्या होगा—किन्तु इससे उसकी कोई विशेष क्षति नहीं होती। इति 28 अग्रहायण, 1325 बं.।

फिर भी, पहले ही बता चुका हूँ, यह सब कहने के बावजूद यह बात स्वीकार करनी ही पड़ेगी कि 1929 ई. के बाद रवीन्द्रनाथ की पारलौकिक चिन्ताधारा में पर्याप्त परिवर्तन आया है। उसी वर्ष वे जान पाते हैं कि उनके विशिष्ट मित्र, शान्तिनिकेतन के किसी समय के अध्यापक और 'काव्यग्रंथावली' के सम्पादक मोहितचन्द्र सेन की पुत्री उमा देवी (बूला) में 'माध्यम' होने की योग्यता है। उस समय से परलोक के सम्बन्ध में उनका सिर्फ कौतूहल ही नहीं बढ़ता, परलोक के साथ सम्पर्क स्थापित करने की उनकी इच्छा भी बढ़ती है। ठाकुरबाड़ी के तरीके से पहले जो परलोकचर्चाएँ करते हैं वे सब प्लांचेट की सहायता से करते हैं। सर्वप्रथम 1929 ई. में ही माध्यम की सहायता वे लेते हैं। 6 नवम्बर, 1929 ई.

की उसी चिट्‌ठी में रानी महलानविस को वे लिखते हैं—

> उस दिन बूला आई थी। बातों-ही-बातों में सहसा यह बात सामने आई कि प्रेतात्मा उसके हाथ पर उतरकर पेंसिल चलाते हुए बात कर सकती है। कहने की बात नहीं, सुनकर मन-ही-मन हँसा। कहा, 'अच्छा, देखा जाए।' पहला नाम मणिलाल गांगुलि का निकला। उनके कथन की भाषा एवं लहज़े में एक विशिष्टता है। उत्तरों को सुनकर लगा जैसे वही बात कर रहे हों।

पहले सन्देह, फिर विश्वास। उत्तरों के रंग-ढंग को देखने पर ही इस विश्वास ने जन्म लिया। इस माध्यम के बारे में किसी के सन्दिग्ध होने पर वे रुष्ट होते, कहते, "नूतन को जानने का आग्रह क्यों न हो; जानने में दोष क्या है?"

तीन

रवीन्द्रनाथ की आयु तब 68-69 वर्ष की थी, कनाडा से वे जुलाई में लौटते हैं। साथ में अपूर्वकुमार चन्द और सुधीन्द्रनाथ दत्त थे। रवीन्द्रनाथ कुछ ही दिन पूर्व शान्तिनिकेतन के सचिव हुए हैं। चित्रांकन जोरों से चल रहा है, यूरोप की प्रदर्शनी के बारे में सोच रहे हैं। अवसर निकालकर पारी-पारी से 'शेषेर कविता' और 'महुया' की रचना पूरी करते हैं। नया नाटक लिखा—'तपती'। शान्तिनिकेतन के बाद चार रात जोड़ासाँकों में उसका अभिनय हुआ—26, 28, 29 सितम्बर और 1 अक्टूबर की रातें। कवि ने अपने-आपको राजा विक्रम के रूप में सजाया था। उनके भाई की पुत्रवधू और अजितकुमार चक्रवर्ती की पुत्री अमिता ठाकुर राजमहिषी बनी थी। अभिनय के बाद वे पुनः शान्तिनिकेतन लौट आए।

तब आई पूजा की छुट्टी। अवकाश मनाने के लिए रथीन्द्रनाथ सपरिवार राँची गए हैं। अकेले रवीन्द्रनाथ उत्तरायण में रह जाते हैं। एक पत्र में उन्हीं दिनों वे इन्दिरा देवी को लिखते हैं, "आजकल सबसे अधिक अनुभव करता हूँ, किसी साथी का अभाव।"

पूजा की छुट्टी के आखिरी चरण में मोहितचन्द्र सेन की पुत्री बूला अथवा उमा सेन—बाद में गुप्ता, श्री शिशिरकुमार गुप्ता की पत्नी—

आईं। उस समय उनकी आयु थी पच्चीस वर्ष। उमा गुप्ता की लिखी दो कविता-पुस्तकें हैं, एक का शीर्षक 'घूमेर आगे' है। दूसरी कविता-पुस्तक उनकी मृत्यु के बाद प्रकाशित हुई। शीर्षक है 'वातायन' जिसकी भूमिका रवीन्द्रनाथ ने लिखी है।

निस्संग कवि रवीन्द्रनाथ को जैसे ही यह पता चला कि बूला में माध्यम होने की स्वाभाविक शक्ति है, तो तत्क्षण वे बूला की उस शक्ति की ओर आकृष्ट हुए। श्री प्रभातकुमार मुखोपाध्याय ने 'रवीन्द्रजीवनी' ग्रंथ में इस प्रसंग में लिखा है—

> बाल्यकाल और तरुणाई में प्लांचेट को लेकर रवीन्द्रनाथ ने स्वयं कई बार परीक्षा की थी, कभी खेल-खेल में, कभी कौतूहलवश! इतने अर्से के बाद वृद्धावस्था में वे इस परिचिता माध्यम की सहायता से प्रकृत तथ्यों के अनुसन्धान की ओर प्रवृत्त हुए। बूला में असामान्यता थी। कवि के मुख से ही सुना है कि वे अत्यन्त जटिल प्रश्न करते और बूला क्षण-भर भी देर किये बिना घोर विस्मयकारी द्रुतता से उत्तर लिख डालती। प्रश्न का उत्तर पढ़कर कवि स्तम्भित हो उठते।

उमा देवी के माध्यम से रवीन्द्रनाथ अनेक आत्माओं को ले आए। सभी वार्तालापों का लिपिबद्ध विवरण मिलता नहीं, यह पहले ही बता चुका हूँ। सम्भवतः मूल प्रश्नों और उत्तरों को एक साथ मिलाकर रखने की जरूरत किसी ने नहीं समझी, अथवा हो सकता है कि उमा देवी के हाथ की लिखावटों को यत्नपूर्वक सहेज रखने की बात भी किसी के दिमाग में न आई हो। इसीलिए पूजा की छुट्टी के दौरान, अक्टूबर मास के अन्तिम दिनों में, जो वार्तालाप शान्तिनिकेतन में हुए थे, उनका कोई विवरण नहीं मिलता।

उसके अलावा 4, 5, 6, 8, 28, 29 नवम्बर और 16 दिसम्बर को रवीन्द्रनाथ आत्माओं को लाते हैं। उनमें से 4, 5 और 8 नवम्बर के लिपिबद्ध विवरण नहीं हैं, उनका उल्लेख रवीन्द्रनाथ के पत्रों में है तथा उनके कुछ-कुछ अंश उन्होंने उनमें उद्धृत भी कर दिये हैं। 6, 28, 29 नवम्बर और 16 दिसम्बर के वार्तालापों का सम्पूर्ण लिपिबद्ध विवरण रवीन्द्र-सदन में है। उसी विवरण के किसी-किसी अंश का उल्लेख रानी महलानविस को लिखे गए रवीन्द्रनाथ के पत्र में है।

रवीन्द्रनाथ आग्रहपूर्वक जिन सबका आह्वान करते हैं और जो-जो माध्यम का आश्रय लेकर आते भी हैं, उनमें हैं—ज्योतिरीन्द्रनाथ की पत्नी नई बहूरानी कादम्बरी देवी, पत्नी मृणालिनी देवी, बड़ी बेटी माधुरीलता (बेला), छोटे पुत्र शमीन्द्रनाथ, नये दादा ज्योतिरीन्द्रनाथ ठाकुर, मँझले दादा सत्येन्द्रनाथ ठाकुर, भतीजा हितेन्द्रनाथ, बलेन्द्रनाथ की पत्नी साहाना देवी, भतीजी अभिज्ञा, अवनीन्द्रनाथ के जामाता और सुख्यात साहित्यकार मणिलाल गंगोपाध्याय, कवि सत्येन्द्रनाथ दत्त, शिशु-साहित्यप्रणेता सुकुमार राय, मित्र लोकेन पालित, मित्र के पुत्र सन्तोषचन्द्र मजूमदार, मित्र मोहितचन्द्र सेन, शान्तिनिकेतन के भूतपूर्व अध्यापक और कवि-शिष्य सतीशचन्द्र राय, अजितकुमार चक्रवर्ती आदि। सब-के-सब रवीन्द्रनाथ के अत्यन्त घनिष्ठ और प्रियपात्र।

इनके अतिरिक्त बिना बुलाए चले आनेवालों में कवि के स्नेह-भाजन अपूर्वकुमार चन्द की पत्नी और कवि के मित्र चारुचन्द्र दत्त की पुत्री लोपामुद्रा, जननी शारदा देवी की सखी सर्वजया, सरित्वासिनी, रासमणि दासी, हालदार मोशाय, भारती मल्लिक, शान्ति मित्र और चंडीबाला प्रमुख हैं। लोपामुद्रा चन्द को छोड़ इनमें से एक भी रवीन्द्रनाथ के परिचित नहीं हैं। इसी प्रकार बिना बुलाए आनेवालों में एक ने अपना नाम 'मालाकर' बताया। एक दूसरे ने बताया कि वे 'कायाहीन विदेही आत्मा' हैं। दोनों ही

ने रवीन्द्रनाथ के प्रश्न के उत्तर में कहा कि उनका काम दूसरी आत्माओं को पहुँचा देना है। एक और आत्मा नाम नहीं बताती। रवीन्द्रनाथ उनका नाम जानना नहीं चाहते, इससे वे विस्मित होती हैं, कहती हैं, "आपका कौतूहल तो बहुत कम है!"

इसके अलावा भी, बार-बार कुछ क्षणों के लिए एक और आत्मा आती है और अपने नाम की जरा भी घोषणा नहीं करती। रवीन्द्रनाथ भी बाध्य नहीं करते, किन्तु जान जाते हैं कि वे कौन हैं, हम भी समझते हैं—नई बहूरानी कादम्बरी देवी को छोड़ वे और कोई नहीं हो सकतीं। इस भद्र महिला की बातें भी सदा रहस्यमय लगती हैं। अधिक देर तक ठहरतीं नहीं, किन्तु बार-बार आती हैं।

नई बहूरानी को रवीन्द्रनाथ बार-बार तो लाते ही हैं, मात्र उसी एक नई बहूरानी को देखना भी चाहा था। ज्योतिरीन्द्रनाथ से कहा था—

> नई बहूरानी से दिखाई देने के लिए कहा था तो बोलीं कि वे चेष्टा करेंगी। क्या वे ऐसा कर सकेंगी? ज्योतिरीन्द्रनाथ ने उत्तर दिया, 'कहाँ तक उनकी इच्छाशक्ति की पहुँच है सो तो जानता नहीं। तो भी तुम्हें एक तीव्र इच्छाशक्ति का प्रयोग करना होगा।'

बहूरानी के अतिरिक्त अधिक आग्रह वे शमीन्द्र के सम्बन्ध में दिखाते हैं। उनकी आत्मा को वे बार-बार बुलाते हैं, बड़ी बेटी बेला से ऐसे कहते हैं जैसे चंचल शमी को वे साथ ही रखती हों। अन्य जिन-जिन आत्माओं को वे ले आए, प्राय: उन सबसे जिज्ञासा करते हैं कि शमी कैसा है, उसके साथ उनकी देखा-देखी होती है या नहीं। शिलाइदह का 'चर', शान्तिनिकेतन का आश्रम, 'वीर पुरुष' कविता, मीरा दीदी और रथी दादा की बातें! रवीन्द्रनाथ तरह-तरह के प्रश्न करते हैं। जीवनकाल

में जो शमी को उनकी बहूरानी प्रतिमा देवी कितना चाहती थीं, उसे बताना भी नहीं भूलते।

एकमात्र शमी की आत्मा ही अपने पिता के साथ इस प्रकार बातचीत करती है कि लगता है, दस-बारह साल का एक लड़का अपने चालीस-पैंतालीस वर्षीय पिता की गोद में सिमटा अपने मन की बात बताए जा रहा हो। तथा, एकमात्र शमी ही है जो एक प्रश्न का उत्तर देते हुए बताता है कि उसके पिता की कोई एक कविता उसे अच्छी नहीं लगती, वह भद्दी है। जीवित पिता रवीन्द्रनाथ जब किसी खास मामले में मृत पुत्र की सहायता करने में अपनी असमर्थता जाहिर करते हैं, तब शमी अपने पिता की असाधारण क्षमता में आस्था रखते हुए कहता है, "भला तुम नहीं कर सकते!"

शमी बताते हैं कि परलोक में उन्होंने एक नई पृथ्वी की सृष्टि की है। पिता से कहते हैं कि 'शमी की पृथ्वी' नाम देकर वे मानो एक रचना लिख रहे हैं। रवीन्द्रनाथ बताते हैं कि जब वे परलोक जाएँगे तब उस पृथ्वी की रचना में पुत्र की सहायता करेंगे। इस 'शमी की पृथ्वी' के बारे में रवीन्द्रनाथ के कौतूहल की कोई सीमा नहीं है। अन्य आत्माओं से जिज्ञासा करते हैं कि वह पृथ्वी किस प्रकार की है।

शमी से कहते हैं कि उनके समान ही उसका चरित्र है, दोनों ही भावुक हैं। शमी हमेशा कहता है कि उसे बहुत सारे काम हैं। रवीन्द्रनाथ इससे विस्मित होते हैं, प्रश्न करते हैं, "तुझे क्या इतना काम रहता है?" फिर दूसरे ही क्षण इस प्रकार बातें करने लगते हैं जैसे छोड़ना नहीं चाहते। जितनी देर पास रहता है उतनी देर तृप्ति रहती है, आनन्द रहता है। भले ही उन्होंने अपनी चारित्रिक दृढ़ता से अल्पायु में हुई शमी की मृत्यु को सहन कर लिया था, किन्तु वृद्धावस्था में भी पुत्रशोकातुर पिता के अन्तर में जो दुख की ज्वाला धधक रही थी, अपने दुलारे छोटे बेटे के लिए जो

सारा स्नेह और ममत्व घनीभूत हो उठा था, उसका प्रमाण शमीन्द्रनाथ की आत्मा के साथ हुई बातचीत में मिलता है। एक दूसरी आत्मा ने बताया कि परलोक में शमी भी तो पिता के खयालों में डूबा रहता है।

इस प्रसंग में एक और बात बताने की आवश्यकता है। तर्क की दृष्टि से यदि कहा जाए कि आत्माओं के उत्तर झूठे हैं, तो भी, प्रश्न को तो मिथ्या नहीं कहेंगे। इन प्रश्नों के द्वारा ही रवीन्द्रनाथ को और भी अच्छी तरह से समझा जा सकता है। कौन उनके अन्तरंग थे, किसके प्रति कैसे भाव थे, क्या उनकी जिज्ञासाएँ थीं—ये सारी बातें आत्मा के साथ हुई बातचीत के समय की उनकी प्रश्नावली में मौजूद हैं। रवीन्द्रनाथ को और भी अच्छी तरह से जानने के लिए तथा और भी अधिक समझने के लिए ये भौतिक वार्तालाप अत्यन्त आवश्यक हैं। जैसा कि मणिलाल गांगुलि के एक प्रश्न के उत्तर में रवीन्द्रनाथ कहते हैं, उनके व्यक्तित्व का गठन नारी और पुरुष के चारित्रिक गुणों के संयोग से हुआ है तथा उनमें नारीत्व के गुण का पलड़ा ही भारी है। इसी हेतु नारियों के मन को वे इतनी अच्छी तरह से समझते हैं। इस प्रकार की और भी अनेक स्वीकारोक्तियाँ बिखरी पड़ी हैं।

सत्येन्द्रनाथ दत्त के सम्बन्ध में भी उनका आग्रह था। किसी दूसरी आत्मा के आते ही कहते हैं, "सत्येन्द्र को जरा भेज देना।" सुकुमार राय की आत्मा के साथ बातें करने के लिए वे उत्सुक थे। पियर्सन साहब को पाने का आग्रह भी दिखाते हैं, किन्तु पियर्सन आते नहीं, किसी सन्देश-वाहक आत्मा के द्वारा संवाद भेजते हैं कि अभी आ नहीं पाते, बाद में आएँगे।

रवीन्द्रनाथ ने अपनी माँ की आत्मा को भी लाने का प्रयास किया था, तब भी मेरे द्वारा संगृहीत लिपिबद्ध विवरण में माँ के आने का कोई उल्लेख नहीं है। सिर्फ माँ की एक सखी से कहते हैं, "क्या माँ एक बार नहीं आ सकतीं?"

पिता देवेन्द्रनाथ, बड़े दादा द्विजेन्द्रनाथ अथवा मँझली बेटी रेणुका—इन तीनों को भी नहीं लाते हैं। पिता का कोई उल्लेख नहीं है, फिर भी ज्योतिरीन्द्रनाथ के साथ बातचीत करते समय पूछते हैं, "बड़े दादा से भेंट होती है?" ज्योतिरीन्द्रनाथ अपने उत्तर में कहते हैं, "वे ध्यानमग्न रहते हैं, उन्हें सम्बोधित करके कुछ कहा नहीं जा सकता।" सन्तोष मजूमदार का भी यही उत्तर। ऋषि द्विजेन्द्रनाथ का इस लोक की भाँति परलोक में भी ध्यानस्थ रहना स्वाभाविक है। शमीन्द्रनाथ के साथ हुई चर्चा के दौरान मँझली लड़की रेणुका या रानी की बात आती है। रवीन्द्रनाथ जानना चाहते हैं कि रानी दीदी के साथ शमी की भेंट होती है या नहीं। फिर भी मँझली बेटी को लाने का कोई विवरण अलग से मुझे नहीं मिलता।

रवीन्द्रनाथ की सबसे अधिक घनिष्ठता तीन भाइयों के साथ थी—द्विजेन्द्रनाथ, सत्येन्द्रनाथ और ज्योतिरीन्द्रनाथ। इसी कारण उन्हीं के साथ पारलौकिक वार्तालाप करने का उनमें उत्साह था। तीनों में से दो को वे बुला लाते हैं, केवल बड़े दादा द्विजेन्द्रनाथ को नहीं बुला पाते। भतीजों में बलेन्द्रनाथ उनके सबसे निकटस्थ थे। उनको भी वे ले आते हैं।

सन्तोष मजूमदार उनके पुत्रवत थे। मणिलाल गंगोपाध्याय, अजितकुमार चक्रवर्ती, सतीश राय, सुकुमार राय, सत्येन दत्त—ये सभी घनिष्ठ शिष्य थे। मित्रों में लोकेन पालित और मोहितचन्द्र सेन थे। रवीन्द्रनाथ के आह्वान पर ये सभी आते हैं।

पुत्र-कन्या-पत्नी-बहूरानी को छोड़कर प्राय: सभी अशरीरी आत्माओं से रवीन्द्रनाथ तीन प्रश्न करते हैं—(एक) आपके या तुम्हारे धर्म-विश्वास में कोई परिवर्तन हुआ है या नहीं; (दो) परलोक में स्त्री-पुरुष के यौन-सम्बन्ध किस प्रकार के हैं तथा दोनों में सम्भोग-वासना है या नहीं; तथा (तीन) नया जन्म लेने की इच्छा होती है या नहीं।

स्त्री-पुरुष के सम्बन्ध को लेकर प्रश्न करना स्वाभाविक है। सम-

सामयिक उपन्यास 'योगायोग' और 'शेषेर कविता' का मूल विषय स्त्री-पुरुष का यौन-सम्बन्ध ही है। यह विषय सम्भवत: उन्हीं दिनों रवीन्द्रनाथ के मन में आया था। धर्म-विश्वास के सम्बन्ध में अन्तरंग व्यक्तियों से बार-बार प्रश्न करते देखकर सन्देह होता है कि उन दिनों रवीन्द्रनाथ शायद स्वयं अपने धर्म-विश्वास के सम्बन्ध में नाना प्रश्नों से जूझ रहे थे। दीर्घकाल से पल रहे विश्वास से निकल आते समय सम्भवत: वे मृत अन्तरंग व्यक्तियों से सहमति पा लेना चाहते थे। तभी रवीन्द्रनाथ हिबार्ट लेक्चर लिखते हैं—'मनुष्य का धर्म'। जन्म लेने की इच्छा होती है या नहीं, यह प्रश्न भी अनेक से करते हैं। कोई कहते हैं—होती है, कोई कहते हैं—नहीं होती। अजित चक्रवर्ती बताते हैं कि शान्तिनिकेतन में जगह मिले तो वे तैयार हैं।

अजितकुमार चक्रवर्ती और सतीश राय, दोनों ही शान्तिनिकेतन में अध्यापक थे। इन दोनों व्यक्तियों के साथ हुए वार्तालाप में शान्तिनिकेतन का प्रश्न आता है, तथा इन दोनों के साथ चर्चा करते समय रवीन्द्रनाथ प्रश्नों की उच्चस्तरीयता बनाए रहते हैं। अकालमृत सतीश राय से कहते हैं कि जीवित रहने पर वे रवीन्द्रनाथ से बड़े कवि होते। इस पर सतीश राय लज्जा का अनुभव करते हैं, कहते हैं, "उस समय आप सरस्वती के कंठहार थे, अब उनके माथे के मुकुट हैं।" रवीन्द्रनाथ अजित चक्रवर्ती के बारे में सतीश राय से कहते हैं, "पृथ्वी पर जिस प्रकार चिन्तन-विश्लेषण करते थे, क्या अब भी उसी तरह करते हैं?" सतीश राय उत्तर देते हैं, "बड़े ही चिन्तनप्रिय हैं, किन्तु क्या यहाँ चिन्तन की गुंजाइश है?"

रवीन्द्रनाथ कइयों से यह जानना चाहते हैं कि उनके सांसारिक जीवन का और कितना अंश शेष है। इस प्रसंग में मणिलाल गांगुलि की आत्मा से वे कहते हैं, "इस पृथ्वी को मैं इतना चाहता हूँ! मृत्यु के बाद क्या इस पृथ्वी के सौन्दर्य को नहीं देख सकूँगा?" फिर कइयों से पूछते हैं

कि उनके जीवित आत्मीय स्वजनों में से किसी को कोई सूचना तो नहीं देनी है। सन्तोष मजूमदार से कहते हैं कि अपनी पत्नी शैल देवी को कोई सूचना देनी है या नहीं, अपने मित्र रथीन्द्रनाथ से कुछ कहना है या नहीं। जीवितावस्था में यह सन्तोष मजूमदार बागवानी बहुत पसन्द करते थे, मृत्यु के बाद भी वे बाग को लेकर व्यस्त हैं। रवीन्द्रनाथ के द्वारा वे अपनी पत्नी शैल देवी को सन्देश भेजते हैं, ऐसे कहते हैं मानो बागवानी करते हों।

अपूर्वकुमार चन्द की पत्नी लोपामुद्रा के आने पर रवीन्द्रनाथ कहते हैं, "अपूर्व से कुछ कहना है तुम्हें?" उसके उत्तर में लोपामुद्रा कहती हैं, "वे सुखी रहें" और उसके बाद बड़ी बेटी के लिए दुख प्रकट करती हैं। "मेरी बड़ी बेटी की तबीयत अच्छी नहीं रहती।" —अपूर्वकुमार चन्द के घनिष्ठ आत्मीय स्वजनों से मुझे लोपामुद्रा के इस कथन की सत्यता का पता चला।

विश्वविख्यात सिने-निर्देशक सत्यजित राय का प्रसंग भी माध्यम के द्वारा छिड़ता है। रवीन्द्रनाथ से सुकुमार राय अनुरोध करते हैं कि उनके एकमात्र पुत्र को बतौर छात्र शान्तिनिकेतन में भर्ती कर लिया जाए।

—अच्छा, आप मेरे पुत्र को आश्रम में ले सकते हैं?

तुम्हारी पत्नी यदि सहमत हों।

—उससे भी कहिए न!

मुझे भी उसको (सत्यजित राय को) पाकर खुशी होगी।

बाद का समाचार है कि रवीन्द्रनाथ सुकुमार राय की पत्नी और सत्यजित राय की माँ सुप्रभा राय से इस अनुरोध की बात कहते हैं। सत्यजित राय

की आयु उस समय मात्र आठ वर्ष की थी। "अभी छोटा है" कहकर इकलौती सन्तान की माता उसके लिए राजी नहीं होतीं, किन्तु वचन देती हैं कि बड़ा होने पर भेजेंगी। इसीलिए 1939 ई. में सुकुमार राय के पुत्र सत्यजित राय छात्र के रूप में शान्तिनिकेतन में दाखिल होते हैं। उस समय उसी अनुरोध की रक्षा के लिए माँ-बेटे ने शान्तिनिकेतन जाकर वहाँ कुछ दिन व्यतीत किये थे।

धर्म-विश्वास के परिवर्तन के सम्बन्ध में अनेक आत्माओं ने अनेक प्रकार से उत्तर दिये हैं। सुकुमार राय का उत्तर विशेष रूप से उल्लेखनीय है। रवीन्द्रनाथ ने जानना चाहा कि ब्राह्म समाज पर श्रद्धा है या नहीं। सुकुमार राय उत्तर देते हैं, "नहीं, वह पथ ठीक नहीं।"

सत्येन दत्त जब आए, तब प्रशान्त महलानविस रवीन्द्रनाथ के पास ही थे। अनुरोध पर सत्येन दत्त की आत्मा कविता की दो पंक्तियाँ लिख देती है। प्रशान्त महलानविस सत्येन दत्त से कुछ प्रश्न करते हैं। किसी-किसी आत्मा के द्वारा चित्र खींचने के प्रयास भी हुए। जैसे मणिलाल गंगोपाध्याय।

'तपती' का अभिनय उन्हीं दिनों हुआ था। कई आत्माओं से रवीन्द्रनाथ जिज्ञासा करते हैं कि 'तपती' नाटक और उसका अभिनय कैसा लगा। बड़ी बेटी बेला से जब कहते हैं तब उत्तर मिलता है—

—वाह, उस दिन तो थी मैं!

अच्छा लगा था?

—बहुत सुन्दर। सिर्फ देखना नहीं, पाना, जानना और अनुभव करना। मैंने युवावेश सजाया था। देखा था मुझे?

—मान गई थी, सुन्दर।

सिर्फ अभिनय नहीं, अपनी नई कविता के सम्बन्ध में भी उनका मत जानने के लिए रवीन्द्रनाथ उत्सुक रहते थे। सत्येन दत्त से प्रश्न करते हैं कि हाल की कौन-सी पुस्तक उन्हें अच्छी लगती है। उत्तर—'पलातका' और उसमें भी 'मुक्ति' शीर्षक कविता। नई रचना 'म हुया' के बारे में भी कइयों से जिज्ञासा करते हैं। आधुनिक कविता के बारे में जानना चाहा तो सतीश राय कहते हैं, "आपकी कविता के समुद्र में बहता हूँ, जलकुम्भीवाले पोखर में क्यों डूब मरूँ!"

दो-एक प्रसंग में आत्मा के अनुरोध पर वे गीत भी गाते हैं। सुकुमार राय 'तरी आमार हठात् डूबे जाय' गीत गाने का अनुरोध करते हैं। रवीन्द्रनाथ गाना शुरू भी कर देते हैं, किन्तु पद और सुर भूल जाने के कारण कहते हैं, "सुकुमार, तुमने मुझसे बड़ी कठिन फरमाइश की, पूरा पद याद नहीं।" उसके बाद रवीन्द्रनाथ अपनी पसन्द से 'अन्धजने देहो आलो' गाकर सुनाते हैं। सुनकर सुकुमार राय कहते हैं, "बहुत अच्छा लगा।" इसी प्रसंग में उल्लेखनीय है कि सुकुमार राय के अनुरोध पर ही रवीन्द्रनाथ उनकी मृत्युशय्या के निकट गीत सुना आए थे।

शान्तिनिकेतन और श्रीनिकेतन के भविष्य के सम्बन्ध में भी रवीन्द्रनाथ के अनेक प्रश्न थे। सन्तोष मजूमदार, अजित चक्रवर्ती और सतीश राय से इस सम्बन्ध में वे ज्यादा प्रश्न करते हैं। आत्माओं के साथ बातचीत होते समय भी इसका परिचय मिल जाता है कि इन दोनों प्रतिष्ठानों को लेकर उनके मन में कितनी दुश्चिन्ताएँ थीं।

आत्माओं ने सभी उत्तर बांग्ला में दिये हैं। केवल मणिलाल गंगोपाध्याय ने एक बार बीच-बीच में अंग्रेजी वाक्यों का प्रयोग किया है। लोकेन पालित के उत्तर भिन्न प्रकार के हैं—सभी परिष्कृत भाषा में। दो-एक आत्माओं ने अपने कथन पर बल देने के लिए किसी-किसी शब्द के चारों ओर चौकोर लकीरें खींच दी हैं। दो-चार जगह बड़े-बड़े अक्षर भी लिखे गए हैं।

एक और बात ध्यान देने योग्य है। प्राय: सभी आत्माएँ पूर्ण से पूर्णतर होने की बात कहती हैं तथा, चाहे कितने भी प्रिय व्यक्ति क्यों न हों, अधिक देर तक ठहरना नहीं चाहतीं। आने के कुछ क्षण बाद ही कहने लगती हैं, "जाऊँ, जाऊँ, जाऊँ।"

शान्तिनिकेतन के रवीन्द्र-सदन में आठ कॉपियाँ हैं, उनकी संख्या क्रमश: 7 है। शीर्षक दिया गया है—'भौतिक प्रसंग'। एक कॉपी फुटकर कागज पर लिखी है। कुल 24 पृष्ठ। मोहनलाल गंगोपाध्याय की नकल की हुई। 17 अक्टूबर, 1957 ई. को उसे रवीन्द्र-सदन में लाया गया। उसके अतिरिक्त सात कॉपियों में से एक कॉपी पर गेरुए रंग के मलाढ़ की जिल्द है। डॉ. अमिय चक्रवर्ती और एक दूसरे व्यक्ति की नकल की हुई। अन्य छ: कापियाँ स्कूली अभ्यास-पुस्तिकाएँ हैं। आरम्भ के मलाढ़ पर अंग्रेजी में अंकित है—'दि यूनिवर्सल बुक, ए. सी. पाल, 34 कार्नवालिस स्ट्रीट, कलकत्ता'। पिछले मलाढ़ पर 1926 ई. का कैलेंडर अंकित है। एक कॉपी में भौतिक प्रसंग के अलावा रवीन्द्रनाथ द्वारा मन्दिर में दिये गए उपासना-भाषण के पेंसिल से लिखे नोट्स भी हैं। डॉ. अमिय चक्रवर्ती ने नोट्स लिये हैं। उसमें 'केमन करिया जानाबे', 'आमारे दिई तोमार हाते', 'एकटि नमस्कारे,' 'हे चिरनूतन' और 'तुमि जे एसेछो मोर द्वारे' गीतों की रवीन्द्र-व्याख्याएँ हैं। ये कहीं भी छपी नहीं हैं तथा अत्यन्त द्रुत गति से लिखी होने के कारण इन्हें पढ़ने में कष्ट होता है। इसी एक कॉपी में अमिय चक्रवर्ती के हाथ की लिखी छोटी-छोटी जर्मन कविताएँ भी हैं।

एक दूसरी कॉपी के पिछले मलाढ़ पर अंकित है—'कैलेंडर फॉर 1928'। ऊपरी आवरण पर हाथ से लिखा है—'नोट्स आव कन्वरसेसन'। तीसरे नम्बर की कॉपी के ऊपर अंकित है—' बेंगाल एक्सरसाइज बुक, 134-135 ओल्ड चीनाबाजार स्ट्रीट, कलकत्ता'।

एक और कॉपी में भौतिक वार्तालाप तो हैं ही, कलाभवन में रवीन्द्रनाथ द्वारा की गई नन्दन-तत्त्व-विवेचना के नोट्स भी हैं। सम्भवत: वे भी डॉ. अमिय चक्रवर्ती द्वारा लिये गए। इस चर्चा में नन्दलाल बसु। ने भी भाग लिया था। तारीख 24-4-31 ई. दी हुई है। ऐसा नहीं लगता कि यह विवेचना भी कहीं प्रकाशित हुई है।

पहले ही बता चुका हूँ कि डॉ. अमिय चक्रवर्ती ने इन कापियों में प्रश्न भी दे रखे हैं। एक-दो अन्य व्यक्तियों के हाथ की लिखावटें भी हैं। कई जगह प्रश्न एवं उत्तर एक साथ मिलाकर रखे गए हैं। आत्माओं के सारे उत्तर पेंसिल से लिखे हैं।

दो-एक जगह प्रश्न और उत्तर बेमेल लगे हैं। कई शब्द भी समझ में नहीं आते। इसके अतिरिक्त सत्येन्द्रनाथ ठाकुर के साथ हुए वार्तालाप में मात्र उत्तर हैं, प्रश्न कहीं भी नहीं। किन्तु उत्तर ही ऐसे हैं कि प्रश्न के नहीं रहने पर भी बातें समझ में आ जाती हैं। अनुमान से मैंने प्रश्नों की जगहें भर दी हैं।

भौतिक वार्तालाप का पूर्ण विवरण प्रस्तुत करने से पहले एक और बात बताना जरूरी है। सत्येन्द्रनाथ ठाकुर, ज्योतिरीन्द्रनाथ ठाकुर, सत्येन दत्त, सुकुमार राय, मणिलाल गांगुलि, सन्तोष मजूमदार, पियर्सन, द्विजेन्द्रनाथ ठाकुर—ये सभी लोग आत्माओं को माध्यम पर उतारने के कुछ ही वर्ष पूर्व परलोकवासी हुए हैं।

जो आत्माएँ आती हैं उनमें से दो की आत्महत्या से मृत्यु होती है। नई बहूरानी कादम्बरी देवी ने आत्महत्या की थी। दूसरी आत्मा अपरिचिता है। आत्महत्या के सम्बन्ध में रवीन्द्रनाथ की एक निजी धारणा थी। मम्पू में मैत्रेयी देवी से वे कहते हैं—

> आत्महत्या के सम्बन्ध में जो एक बात मन में आती है, उसे जानती हो? जो बन्धन सहसा टूटता है, वह

शायद भलीभाँति नहीं टूटता। यदि आत्मा-जैसी कुछ है, तो पुराने बन्धन से मुक्त होकर नया रूप धारण करने के लिए शायद कोई रास्ता तय करना उसके हित में जरूरी है। लेकिन सम्पर्क-सूत्र यदि हठात् टूट जाता है तो कदाचित् वह पूरी तरह से नहीं टूटता। एक अस्तित्व से दूसरे अस्तित्व में प्रवेश इसीलिए विलम्ब से और अस्वाभाविक रीति से होता है। मैं नहीं जानता कि ठीक यही सब हो सकता है या नहीं हो सकता है। सब कुछ अनिश्चित है। तो भी मन में आता है कि आत्मघात को यदि अस्वाभाविक कहें तो उसमें किसी यंत्रणा का होना सम्भव है, क्योंकि तदनुरूप व्यवस्था तो पहले से थी नहीं। उसके लिए एक और बात मन में आती है, यदि किसी की मृत्यु की घड़ी निकट आ जाए तो शोकाकुल हो उसको जीवन से बाँधे रखने की चेष्टा करना उचित नहीं। मेरे जीवन में जब-जब मृत्यु आई है, जब देखा है कि कोई आशा भी नहीं, तब मन-प्राण की सारी शक्ति बटोरकर मैं कहने लगा हूँ, 'छोड़ दिया मैंने तुमको, जाओ तुम अब अपने निर्दिष्ट पथ पर।' अपनी सन्तान को भी जकड़े रहना नहीं चाहा। जब जाना ही हो तो मेरी आसक्ति, मेरी वेदना इस मृत्यलोक से उसको बाँधे नहीं रख सकती। उसे अपने बन्धन तोड़ने में कष्ट न हो, उसका पथ सुगम हो—त्याग में ही जहाँ मंगल हो वहाँ निरासक्त हो त्याग करना ही उचित है। घटना प्रवाह मेरे अधीन नहीं, किन्तु मैं तो अपने अधीन हूँ।

उन्होंने स्वयं भी प्रशान्त चित्त से इस मृत्यु का वरण किया था, पीछे मुड़कर देखा तक नहीं। मृत्यु के बाद परलोक में भी असंख्य प्रियजनों के बीच पहुँचकर अवश्य ही वे अपनी इहलोक-सम्बन्धी धारणाओं के बारे में आश्वस्त हुए हैं।

'डाकघर' नाटक में रवीन्द्रनाथ ठाकुरदा की भूमिका में मंच पर उतरे थे। हम इस लोक के मनुष्य अगर अब परलोक के सम्बन्ध में कोई सन्देह व्यक्त कर बैठते हैं तो लगता है कि ठाकुरदा ने अमल के फूफा माधवदत्त से जैसे कहा था, ठीक उसी तरह दूर से हमें भी रवीन्द्रनाथ कह रहे हैं—"चुप रहो, अविश्वासी!"

चार

नई बहूरानी कादम्बरी देवी। ठाकुरबाड़ी में जब वे 'बालिका-वधू' के रूप में आईं तब उनकी आयु थी 9 वर्ष, रवीन्द्रनाथ की 6 वर्ष। निस्संग बालक की संगिनी और उनके साहित्य-जीवन के विकास में प्राण फूँकनेवाली वे ही थीं।

बहुत-से गीतों में, बहुत-सी कविताओं में यह नई बहूरानी बसी हुई हैं। रवीन्द्रनाथ उनको ही लक्ष्य करके लिखते हैं—'तोमारेइ करियाछि जीवनेर ध्रुवतारा'। बड़े भाइयों में सबसे घनिष्ठ ज्योतिरीन्द्रनाथ थे। रवीन्द्रनाथ की किशोरवस्था और पहली तरुणाई के दिन उन्हीं के और उनकी पत्नी कादम्बरी देवी के साथ व्यतीत होते हैं। उन्हीं के साथ घूमने गए थे, दार्जिलिंग, चन्दननगर। अनेक कविता-पुस्तकें कादम्बरी देवी को ही समर्पित हैं। 'छवि ओ गान' पुस्तक के समर्पण में लिखा—

> विगत वर्ष के फूलों से इस वर्ष के वसन्त में यह माला गूँथी है। ये फूल जिनके नयनों की किरणों से रोज एक-एक करके खिलते थे, उन्हीं के चरणों में समर्पित हैं।

'छेलेबेला' पुस्तक में लिखा है—

> दिवसान्त में छत पर चटाई बिछती, मसनद लगती। एक चाँदी की तश्तरी में बेला के फूलों का गजरा रूमाल से भीग रहा होता, रिकाबी में एक गिलास बरफ डला पानी और कटोरे में सुवासित पान। बहूरानी नहा-धो, केश बाँध, तैयार होकर बैठतीं। शरीर पर एक बारीक चादर डाले ज्योति दादा आते।

वही नई बहूरानी 1884 ई. में, मात्र 25 वर्ष की आयु में, आत्महत्या कर लेती हैं। रवीन्द्रनाथ यह शोक कभी भी नहीं भूल पाते, जीवन की संध्या आ जाने पर भी स्नेहमयी-ममतामयी नई बहूरानी को बार-बार याद किया है। 'शैशव संगीत' पुस्तक के समर्पण में लिखा है—

> तुम्हारे पास बैठकर लिखते, तुम्हें सुनाते बहुत दिन हो गए। उस सारे स्नेह की स्मृति इसमें विराज रही है। इसीलिए लगता है कि तुम चाहे जहाँ भी रहो, इन रचनाओं पर तुम्हारी दृष्टि पड़ेगी ही।

फिर प्रौढ़ावस्था में इलाहाबाद में एक आत्मीय के घर में बहूरानी का फोटो देखकर ही वे उस विख्यात कविता 'छवि' की रचना करते हैं। उसमें कहते हैं, "तुम नयनों के सम्मुख नहीं हो, तुमने तो नयनों के भीतर ही जगह बना ली है।" 1931 ई. में अमिय चक्रवर्ती को एक पत्र में लिखते हैं, "मेरी जो परम आत्मीया आत्महत्या करके मरीं, वे शैशव काल से मेरे जीवन पर पूर्णतः निर्भर थीं।"

इस मृत्यु-विच्छेद ने कवि के मन पर जो प्रचंड आघात पहुँचाया था, उसकी परिचायक रचनाएँ असंख्य हैं। 'पुष्पांजलि' नामक गद्य-काव्य-संग्रह में लिखा है—

> हे जगतविस्मृत चिरस्मृत, जिस प्रकार पहले तुमको गीत सुनाता था, उसी प्रकार अब क्यों नहीं तुमको सुना पाता? ये सब रचनाएँ तो मैं तुम्हारे लिए लिखता हूँ। पीछे तुम मेरा कंठस्वर भूल न जाओ, अनन्त पथ पर चलते-चलते दैवयोग से मेरी और तुम्हारी भेंट होने तुम कहीं मुझे पहचान न पाओ, इसीलिए प्रतिदिन तुम्हारा स्मरण करके अपनी ये बातें तुमसे कहता हूँ। क्या तुम सुनतीं नहीं? एक ऐसा दिन आएगा जब इस पृथ्वी पर मेरा कहा हुआ कुछ भी किसी को याद नहीं रहेगा। लेकिन क्या तुम भी इसकी एक-दो बातें प्रेमपूर्वक याद नहीं रखोगी? जिन रचनाओं को तुम इतने चाव से सुनती थीं, जिनका तुम्हारे साथ विशेष सम्बन्ध है, उनसे तुम्हारा सम्बन्ध क्या इसीलिए नहीं रह गया है कि तुम आँख से ओझल हो? इतनी जानी-पहचानी रचनाओं का क्या एक अक्षर भी याद नहीं रहा? तुम क्या किसी और देश में किसी और कवि की कविता सुन रही हो?

'लिपिका' ग्रंथ की अनेक रचनाओं में नई बहूरानी का शोक झलकता है। कवि कहते हैं, "मेरी उस पच्चीस वर्षीय तरुणाई को क्या आज भी तुम अपने पास रखे हुई हो?" उत्तर पाता हूँ, "उसी अवधि की छाया में मैं चुपचाप बैठा हुआ हूँ। मुझे स्वीकार कर लो।" और उन्हीं की भाषा में "जो शोक था, वही आज शान्ति बन गया है।"

एक अन्य स्थल पर कवि कहते हैं—

> नई बहूरानी की मुझे याद आती है। मजा तो यह देखो

> कि जो मर जाते हैं उनकी उम्र नहीं बढ़ती। मेरी नई बहूरानी, उनकी उम्र फिर कभी भी अधिक नहीं हुई।

मृत्यु के बाद भी यह परम आत्मीया कवि के जीवन में बार-बार लौट आती है। रवीन्द्रनाथ अपने जीवन में स्वप्न बहुत कम देखते हैं, नई बहूरानी का स्वप्न देखते हैं। उस स्वप्न में रवीन्द्रनाथ उनसे कहते हैं, "तुम क्यों आईं, यहाँ तो दूसरा कोई तुम्हें चाहता नहीं?"

1929 ई. के नवम्बर महीने में रवीन्द्रनाथ जब कादम्बरी देवी को माध्यम पर उतारते हैं तब वे बातचीत के क्रम में कहती हैं, "बुद्धू लड़के, तुम्हें अभी तक अकल नहीं आई!"

रवीन्द्रनाथ इस पुराने सम्बोधन से वृद्धावस्था में भी झूम उठे थे।

यह कादम्बरी देवी जब माध्यम पर उतरतीं तो नाम शायद ही कभी बतातीं, किन्तु बातों से रवीन्द्रनाथ समझ जाते कि वे कौन हैं। 1929 ई. का 4 नवम्बर। कादम्बरी देवी आईं।

कौन?

—नाम की जिज्ञासा मत करो। तुम जो सोचते हो वही हूँ मैं।

उसके बाद माध्यम के द्वारा कादम्बरी देवी ने जो कुछ कहा, उससे रवीन्द्रनाथ विस्मित होते हैं—

> जो सब बातें प्रकट हुईं, वे बहुत विस्मयकर हैं। उनकी सच्चाई जिस प्रकार मैं जानता हूँ, उस प्रकार कोई दूसरा नहीं जानता। (रानी महलानविस को पत्र)

एक और दिन। 1929 ई. का 8 नवम्बर। पुन: नई बहूरानी।

कौन?

—अभी तो संध्या का समय है। लेकिन जानते हो कि अभी आ नहीं सकूँगी। नहीं, अभी काम नहीं।

उसी नवम्बर की उन्तीस तारीख। संध्या। शान्तिनिकेतन।

कौन? नाम क्या है?

—मैं एक बात कहकर चली जाऊँगी। जानती हूँ, कुछ समय तक तुम्हारे पास आना सम्भव नहीं होगा।...

मेरे पास अभी आने से तुम्हारी कौन-सी भारी क्षति हुई है?

—नहीं, मैं समझ नहीं पाती कि किसका आश्रय लेकर आऊँगी।

यहाँ जो माध्यम है उसका आश्रय लेकर तो आ सकती हो!

—वह यदि नहीं रहें?

यह तो जानता हूँ कि वह नहीं रहेंगी।

—वही बात तो कहती हूँ।

हाँ, बहुत दिनों तक शायद नहीं पा सकूँगा। फिर जब कलकत्ते में बुलाऊँगा तब आओगी?

—अच्छा, जाती हूँ।

कुछ देर सन्नाटा। पुनः आत्मा का आविर्भाव। पालथी मारे रवीन्द्रनाथ फिर झूमते हैं।

कौन? नाम क्या है?

—जाती नहीं।

अच्छा है। तुम्हारे साथ जो बातें करता हूँ, उससे तुम्हें कोई क्षति नहीं होती?

—नहीं, अच्छा लगता है।

क्या कल रात आई थीं?

—नहीं कहूँगी।

क्या कल रात पास आई थीं?

—यह बात कैसे कहूँ?

मुझे लगता है, शायद आई थीं। क्या माध्यम के नहीं रहने पर नहीं आ सकतीं? कोई दूसरा माध्यम यहाँ है, बता सकती हो?

—नहीं, कैसे बताऊँ? यह तो पहले से पता नहीं चलता कि सचमुच कौन है वह, जो बुला सकता है। तुम मुश्किल में पड़ गए हो, मैं जाती हूँ।

इस बार भी नाम नहीं। किन्तु अनुमान किया जाता है कि कादम्बरी देवी थीं। उसके बाद और एक दिन। 1929 ई. का 29 नवम्बर। रात।

कौन?

—तटहीन सागर में अपनी नौका तैरा रही थी, आज फिर उसी परिचित घाट पर खड़ी हूँ।

तुम नाम नहीं बताओगी?

—नहीं।

एक कविता लिख दोगी?

—मेरी क्षमता क्या जानते नहीं?

शान्तिनिकेतन में कितनी ही बार मैंने तुम्हारे बारे में सोचा था। मेरी तबीयत ठीक नहीं थी, तुम्हें तब याद किया था। तुम्हें पता है?

—जानती हूँ। मैं नहीं आ सकती थी। मन-ही-मन आई थी। कैसे यह समझाऊँ?

मैं तुम लोगों को जरा भी समझ नहीं पाता। कैसे आती हो, कैसे जाती हो, किस प्रकार रहती हो, कुछ भी समझ नहीं पाता।

—रात्रि के अन्तिम प्रहर में ठंडी हवा के चलने पर जब तुमने शरीर को चादर से ढँक लिया था, तब मैं आई थी।

मन-ही-मन एक दिन मैंने तुमसे कहा था कि मेरी तबीयत खराब है। काश, तुम आकर मेरी सेवा-शुश्रूषा कर जातीं!

—तुम भले चाहो, किन्तु चंगा कर देने की शक्ति तो मुझमें है नहीं। इसीलिए बड़े प्रभाव का अनुभव होता है। कैसी कठिनाई में मैंने डाल दिया तुम्हें!

कुछ भी कठिनाई में नहीं डाला। अब जो तुम्हारा रूप है, वह क्या पहले-जैसा है—जैसा हमने तुम्हें देखा था?

—शमी की भाषा में कहा जा सकता है कि किसी का बरसाती हवा-जैसा रूप है तो किसी का सिहरती हवा-जैसा।

तुम लोग एक-दूसरे को देखते हो, जानते हो। वह किस प्रकार सम्भव हो पाता है?

—क्या हवा का रूप नहीं?

हमारे लिए तो हवा का रूप नहीं है।

—भाव है, गति है, वेग है।

तुम लोगों का पारस्परिक भेद क्या इसी प्रकार है—जैसे कि हवा-हवा में भेद है?

—नहीं-नहीं, दूसरे प्रकार से है। समझाया नहीं जा सकता। तुम मुझे

देखने पर ठीक-ठीक पहचानोगे। आज भी मेरी छाया है, प्राण है, सिर्फ शरीर नहीं है।

कोई नाम नहीं, ये भी वही नई बहूरानी कादम्बरी देवी हैं।

बहूरानी गईं, छोटी बहू आईं। ठाकुरबाड़ी में जिनका आविर्भाव 1882 ई. में, कल्याणमयी वधू के रूप में, हुआ था वही मृणालिनी देवी 1902 ई. में—मात्र 29 वर्ष की आयु में—इस संसार से विदा लेती हैं। किसी-किसी ने कहा था, साधारण घर की यह लड़की विश्वकवि के योग्य नहीं। किन्तु वही ग्रामबाला बाद में रवीन्द्रनाथ की गृहलक्ष्मी बन गई। जोड़ासाँको में गृहस्वामिनी, शिलाइदह में सुखी जीवनसंगिनी और शान्तिनिकेतन में आश्रम-जननी। अपने पति की साध पूरी करने के लिए उन्होंने अपने गहने बेचकर शान्तिनिकेतन का खर्च जुटाया था।

मृणालिनी देवी अचानक कठिन रोग से आक्रान्त हुई थीं। 'इस अल्पायु जीवन के जो कतिपय आनन्द-दिवस' थे, वे बीत गए; जो 'इस संसार में एक दिन नववधू के रूप में' पास आकर खड़ी हो गई थीं, उन्होंने विदा ली। रवीन्द्रनाथ की आयु उस समय इकतालीस वर्ष की थी।

शान्तिनिकेतन से जोड़ासाँको लाकर रवीन्द्रनाथ ने सहधर्मिणी की दिन-पर-दिन और रात-पर-रात सेवा की, नर्स को नहीं रखने दिया। लेकिन सब व्यर्थ। पाँच सन्तानों और पति को छोड़ मृणालिनी देवी ने अन्तिम निश्वास छोड़ दी। दृढ़चित्त रवीन्द्रनाथ ने इस शोकाघात को झेलकर पत्नी के लिए अनुपम कविताओं की रचना की—'स्मरण'। कहा, "तुमने मेरे जीवन में मृत्यु का माधुर्य भर दिया है।"

घर की सबसे छोटी बहू। पति स्नेह से बुलाते—'छोटी'। उसी छोटी ने जब छुट्टी ली तो उसके बहुत दिन बाद मम्पू में रवीन्द्रनाथ ने पत्नी-वियोग के सम्बन्ध में मैत्रेयी देवी से कहा—

> जानती हो, सबसे अधिक कष्ट किस बात का है? ऐसा कोई नहीं जिससे सब कुछ कहा जाए—वह तो किसी ऐसे-वैसे के साथ सम्भव नहीं।

अपने मन के अनुरूप बनाने के लिए रवीन्द्रनाथ ने पत्नी को तैयार किया था। 'लारेटो' भेजकर अंग्रेजी सिखाई, पंडित रखकर संस्कृत। मृणालिनी देवी ने वाल्मीकि रामायण का संक्षिप्त रूपान्तर भी किया था।

पति के लिए नाश्ता वे रोज अपने हाथ से तैयार करतीं। रसोईघर में रवीन्द्रनाथ मोढ़े पर बैठकर फरमाइश करते—यह बनाओ, वह बनाओ। मृणालिनी देवी के हाथ की बनी चिउड़े की पुलि, दही का मालपूआ और पके आम की मिठाई जिन्होंने एक बार खाई, वे कभी भूले नहीं। रवीन्द्रनाथ भी नहीं। पत्नी की मृत्यु के अनेक वर्ष बाद शान्तिनिकेतन में जब हेमलता देवी घर में तैयार किये गए व्यंजनों की थाली लेकर आई थी तो रवीन्द्रनाथ का मन पत्नी के लिए हाहाकार कर उठा था, सहसा बोल उठे, "घर की मिठाइयों की अब और मुझे आवश्यकता नहीं।"

जोड़ासाँको में रोज रवीन्द्रनाथ जब घर लौटते, जोर से पुकारते, "छोटी बहू, छोटी बहू!" वही 'छोटी बहू' जब मृत्युशय्या पर गईं तो देखभाल के लिए रवीन्द्रनाथ सिरहाने से जा लगे। उस समय बेहोशी की हालत में कविपत्नी यही कहतीं—

> मुझे कहते हो, सो जाओ, सो जाओ। शमी को शान्तिनिकेतन में रख आए। क्या उसके बिना मैं सो सकती हूँ? इतना भी नहीं समझते?

मृणालिनी देवी, कवि की स्नेहमयी छोटी बहू ने अन्त में पति से विदा ली। अन्त्येष्टि-क्रिया पूरी होने पर रवीन्द्रनाथ घर की छत पर चले गए।

एकाकी। मना कर गए कि ऊपर कोई न आए। सारी रात कवि चहलकदमी करते रह गए। उन्नीस वर्ष के दाम्पत्य सुख का सहसा अवसान हो गया। किन्तु क्या सचमुच सब कुछ का अवसान हो जाता है? नहीं, खत्म होते-होते भी सब खत्म नहीं होता। छोटी बहू घूम-फिरकर बार-बार आती हैं, गृहलक्ष्मी के अदृश्य हाथ कवि के जीवन को भली-भाँति जकड़े रहते हैं।

5 नवम्बर, 1929 को रवीन्द्रनाथ ने छोटी बहू को माध्यम पर उतारा। स्थान : जोड़ासाँको के तितल्ले का कक्ष।

कौन?

—नहीं, नहीं कहूँगी, तुम्हीं मेरा नाम बताओ।

छोटी बहू तो नहीं?

—हाँ।

कैसी हो?

—जिन्हें चाहती हूँ वे सब तो एक-एक कर मेरे पास आ गए।

['जिन्हें चाहती हूँ' कहकर मृणालिनी देवी अपनी मृत सन्तानों की बात कहती हैं। उनकी मृत्यु के बाद तब तक माधुरी लता, रेणुका और शमी—तीनों एक-एक कर परलोक चले जाते हैं।]

पृथ्वी के साथ तुम्हारे बन्धन क्या बहुत मजबूत हैं?

—सो तो है ही! यह बात पूछते क्यों हो? क्या जानते नहीं?

मेरे कार्य-कलाप और साधना के प्रति तुम्हारा Interest है?

—है।...मेरा मन समस्त आन्तरिकता से तुम्हारी कल्याण-कामना करता है।

रथी के कार्यों में तुम्हारी सहमति है?

—वह क्या मुझसे पूछने की बात है? उसके पास जो हैं, वही देवता की भाँति आलोक दिखाएँगे।

पत्नी के विदा होने के बाद 'बलू' आए। मृणालिनी देवी की भाँति ही बलेन्द्रनाथ ठाकुर 29 वर्ष की आयु में मर गए, पुकार का नाम था 'बलू'। रवीन्द्रनाथ के इस अत्यन्त प्रिय भतीजे की आकृति एवं प्रकृति बहुत कुछ अपने 'रवि काका' के ही समान थी। ठीक उसी तरह से स्वयं रवीन्द्रनाथ ने उन्हें तैयार भी किया था, सोचा था कि एक दिन उनका दुलारा बलू गद्यरचना में अप्रतिम हो उठेगा।

जब नाव से उड़ीसा में जमींदारी देखने जाते, बलू साथ जाते हैं; जब शिलाइदह में गृहस्थी बसाते, बलू नियमित रूप से आते हैं। शान्तिनिकेतन के ब्रह्मचर्याश्रम का पहला मसौदा भी बलू ही तैयार करते हैं। पिता वीरेन्द्रनाथ उन्मादरोग से ग्रस्त। अभिभावक, शिक्षक, साहित्य-गुरु—सब कुछ 'रवि काका'। रवीन्द्रनाथ भी उन पर पुत्रवत स्नेह रखते। दिव्यदर्शन, गौरकान्ति वही बलू एक दुर्घटना में मारे गए, तरुणाई को पार करने से काफी पहले। 1899 ई. में।

5 नवम्बर। जोड़ासाँको। उस घटना के ठीक तीस वर्ष बाद बलेन्द्रनाथ आए।

कैसे हो? सुखी हो?

—खूब।

अशरीरी आत्मा से आनन्द पाते हो?

—आनन्द? यदि पाता हूँ तो वह मेरी ही सृष्टि है।

मेरी नई रचना से परिचय है?

—है। खूब अच्छी लगती हैं। युग के बाद युग जैसे नई-नई धाराओं में प्रवहमान है।

'तपती' देखी है?

—देखी थी।

कैसी लगी?

—क्या ही आश्चर्य!

यहाँ की तरह तुम्हारी रचना करने की कोई प्रवृत्ति क्या वहाँ भी है?

—चलेगी नहीं, चलेगी नहीं। वह तो जैसे लड़कपन का खेल था मेरा। क्या रचनाकार्य में मन लगता है?

—सोचता खूब हूँ। मन के भीतर जैसे रचना रूपायित हो उठती है। अपने मन की कोई सृष्टि अभी हमारी भाषा में कह सकते हो?

—आज मन को लगा कि पृथ्वी पर जो धूप आज सबेरे उतरी थी, वह जैसे मेरे ही प्राणों के आनन्द की छवि थी।

शरत्ऋतु की इस धूप के साथ क्या अपनी शरत्कालीन स्मृति तुम्हें दिखाई देती है?

—देती है। इसीलिए तो सीधे चला आया हूँ।

क्या तुम्हारे अन्तर में पृथ्वी के सुख-दुख की गूँज है?

—कितना तो भूल गया हूँ। कितने ही अभी भी छाया की भाँति साथ लगे हैं। मेरे जो बन्धन हैं, उनसे तो अभी तक मुझे मुक्ति नहीं मिली है।

क्या बन्धन से मुक्ति की कामना करते हो?

—करता हूँ। लेकिन मैं बहुत पीछे जो रह गया हूँ। वह मानो मेरा... मैं मुक्ति चाहता हूँ। क्या सिद्धिलाभ करूँगा?

—मुक्ति तो आपके ही अन्तर का एक और रूप है! वही जो 'साथ

सभी के युक्त करो हे, बन्धन से अब मुक्त करो हे!'

क्या फिर से देहधारण की इच्छा होती है?

—यदि आपकी जीवन-दशा को पा सकूँ तो इच्छा करता हूँ। कितना कुछ जो बदल गया है!

फिर से देहधारण करना क्या इच्छा पर निर्भर करता है?

इस प्रश्न का उत्तर दिये बिना बलेन्द्रनाथ की आत्मा ने दूसरा प्रसंग छेड़ दिया। लौकिक जीवन में मृणालिनी देवी का उनके साथ बड़ा लगाव था। उनकी मृत्यु का संवाद पाकर मृणालिनी देवी का मन इतना टूट जाता है कि वे अपने पति से कहती हैं, "शिलाइदह अब अच्छा नहीं लगता है।"

बलेन्द्रनाथ की आत्मा ने सूचित किया कि मृणालिनी देवी की आत्मा उपस्थित है, रवीन्द्रनाथ से उन्होंने कहा, "जानते हैं, वे यहाँ आई हैं।" उसी वार्तालाप का उल्लेख मैंने पहले किया है।

जोड़ासाँको की पाँच नवम्बर की मजलिस में मृणालिनी देवी के अतिरिक्त आए थे—मणिलाल गांगुलि, सत्येन दत्त, ज्योतिरीन्द्रनाथ, अजित चक्रवर्ती और बलेन्द्रनाथ की पत्नी साहाना देवी। मजलिस में दूसरे व्यक्तियों के साथ अवनीन्द्रनाथ उपस्थित थे। उन सबके साथ हुए वार्तालाप का विवरण मैं 6-11-29 तारीख को रानी महलानविस को लिखे गए पत्र में पाता हूँ। उसमें क्रमबद्धता का निर्वाह सम्भव नहीं है, इसलिए पत्र का छाँटा हुआ अंश पूरा-का-पूरा उद्धृत कर दिया है—

> बूला को और एक दिन आने के लिए कहा था। कल आई। पहले मणिलाल का नाम आया—उसने कहा कि सत्येन आना चाहते हैं। मुझे दुख यही है कि बातचीत को लिख नहीं रखा किसी ने। उसके सारे उत्तर काफी सुसम्बद्ध थे। पश्चिमी महादेश में मेरे कार्यों के बारे

में पूछते ही उत्तर आया, 'पश्चिमी महादेश में आपके और भी अनेक कार्य हैं, वहाँ आपका सौभाग्य आपके साथ रहेगा।' मणिलाल उसके पहले दिन बोला था, 'आपको अमरीका एक बार जाना ही होगा, वहाँ आपका सुप्रतिष्ठित स्थान है।' मणिलाल ने कहा था, 'पृथ्वी पर रहते समय परलोक के बारे में अनेक चर्चाएँ की थीं, किन्तु उनके साथ यहाँ का कोई मेल नहीं है।' मैंने जिज्ञासा की थी, 'तुम्हारे धर्म-मत में कुछ परिवर्तन हुआ है?' वह बोला, 'पृथ्वी पर मैं नास्तिक था, किन्तु यहाँ ईश्वर को मैं अपने भीतर पाता हूँ।'

सत्येन्द्र से जिज्ञासा की तो उसने कहा, 'यहाँ किसी देवता को खोजना नहीं पड़ता, परिवर्तन तो यही हुआ है।' मैंने पूछा, 'क्या अपने अन्तर में तुम उनको अनुभव करते हो?' उत्तर आया, 'खूब अच्छी तरह करता हूँ, इसीलिए तो इतनी शान्ति है।' फिर मेरे यह पूछने पर कि हिबार्ट लेक्चर में धर्म के सम्बन्ध में जो मत व्यक्त करना चाहता हूँ, वे ठीक हैं या नहीं, उत्तर मिला, 'बिलकुल ठीक। किन्तु क्या ही आश्चर्य है, आप तो अभी भी पृथ्वी पर हैं!'

मणिलाल से भी यही प्रश्न पूछा था, उसके बाद अजित से। उन्होंने कहा, 'बिलकुल ठीक।' अजित ने कहा, 'इमेजिनेशन के सम्बन्ध में आपने जो निबन्ध लिखा है, वह कितना सच है, उसे यहाँ की जानकारी रहने के कारण ही हम समझ पाते हैं।' वह जानता है या नहीं

कि अमिता ने मेरे साथ अभिनय किया था—यह पूछने पर अजित ने कहा, 'जानता हूँ, जानता हूँ कि वह तो आपकी ही सृष्टि है।' सत्येन्द्र ने कहा, 'जानता हूँ, उस दिन बिलकुल पास ही था, मेरे लिए बड़ा मधुर अवसर था।' मेरी आधुनिक रचनाएँ पढ़ी हैं या नहीं, यह प्रश्न करने पर सत्येन्द्र ने कहा, 'कैसे कहूँ कि पढ़ी हैं, किन्तु प्रत्येक पंक्ति को जानता हूँ। आश्चर्य!' 'शरत चाटुज्जा के लेखन पर तुम्हारी आस्था है?' उत्तर, 'पहले थी, किन्तु अब ठीक से पकड़ नहीं पाता। शायद यह मेरी अशरीरी आत्मा का दुर्भाग्य है।'

सत्येन्द्र की सारी बातों को कोई लिख रखता तो अच्छा होता। उनके रहने पर देख पाते कि सोचने लायक बहुत सारी बातें हैं। बेचारी मेरी स्मरणशक्ति, कुछ भी याद नहीं रख पाता।

सत्येन्द्र की पारी शेष होने को आई तो वह बोला, 'ज्योतिरीन्द्रनाथ ठाकुर आए हैं।' उनकी सारी बातें सुनकर हम आश्चर्य में पड़ गए हैं। उपस्थित रहतीं तो व्यक्तिगत वास्तविकता को समझ पातीं। मैंने उनसे जिज्ञासा की कि पृथ्वी पर जिन रचना-कार्यों में वे लगे हुए थे, उनका सिलसिला क्या अभी भी जारी है, तो वे बोले, 'ठीक वैसा नहीं, यहाँ केवल आत्मसृष्टि में ही आनन्द है।' मैंने पूछा, 'सृष्टि के लिए कोई उपकरण नहीं?' उन्होंने कहा, 'आत्मा ही तो हमारे लिए सब कुछ है, उसका गठन करके उसे परिपूर्णता प्रदान करने

में ही आनन्द है।' अवन (अवनीन्द्रनाथ) ने जिज्ञासा की, 'हम चित्ररचना आदि को लेकर जो सारे कार्य करते हैं, वे क्या सिर्फ खेल हैं?' वे बोले, 'आर्टिस्ट होते हुए भी तुमने कैसे यह बात पूछी?' ज्योतिदादा ने बिलकुल नये ढंग की बात कही, 'पृथ्वी पर रहते समय बार-बार शान्ति की कामना की थी, यहाँ आकर सोचता हूँ कि सुख या दुख आखिर है क्या!'

मैंने इसका यही एक अर्थ लगाया है कि सीमाबद्ध शरीर एवं इच्छा से ही सुख की उत्पत्ति होती है—वह वस्तु के साथ-साथ जुड़ा है; उसे पाने के लिए, भोगने के लिए भौतिक उपकरणों की अपेक्षा रहती है। मणिलाल, अजित, सत्येन—सबसे मैंने जिज्ञासा की है, 'आनन्द का उपभोग तुम करते हो?' एक प्रश्नचिह्न देकर सत्येन ने लिखा, 'आनन्द?' —उसके बाद बोला, 'आनन्द की सृष्टि हम अपने अन्तर में ही करते हैं।' मणिलाल ने भी लिखा था, 'सुख नहीं, किन्तु शान्ति है।'

ज्योतिदादा से प्रश्न किया था, 'देह-धारण की इच्छा होती है?' वे बोले, 'मैं इच्छा नहीं करता, इच्छा वे ही करते हैं जो सुख चाहते हैं।' आनन्द के बारे में उन्होंने कहा था, 'असीम शान्ति। किन्तु आनन्द?' ये सब बातें खूब समझ में नहीं आईं। पूछा, 'किसी विशेष स्थान पर निवास करते हैं?' उन्होंने कहा, 'शून्य आकाश में।' प्रश्न किया, 'वह आकाश क्या सीमाबद्ध है?' वे बोले, 'अभी तो मैं सीमारेखा नहीं देखता।' ऐसा ही एक भाव

परिलक्षित हुआ कि वहाँ की सत्ता के स्वरूप को ठीक से समझाया नहीं जा सकता।

सत्येन से जिज्ञासा की थी, 'पृथ्वी पर स्वदेश-साहित्य आदि की गतिविधियों को लेकर जो तुम्हारा उत्साह था, वैसा कुछ क्या वहाँ भी है?' उत्तर सत्येन ने दिया, 'ठीक वही बात यहाँ नहीं—पृथ्वीवाली वह उत्तेजना नहीं—बल्कि बहुधा उसके भी अभाव का अनुभव करता हूँ। जब पहले-पहल आया तो पृथ्वी की प्रत्येक वेदना जैसे अपने हृदय में अनुभव करता रहा। धीरे-धीरे वह वेग कम हो चला है।'

मणिलाल ने कहा था, 'सम्बन्ध रहने पर भी आकर्षण नहीं रह जाता, अन्यथा मुक्ति कैसे सम्भव हो?' मैंने पूछा था, 'अपनी प्रबल इच्छा और प्रयास से हम जो पृथ्वी पर सारा अध्यवसाय करते हैं, उसमें क्या परलोकगत आत्माओं का योगदान रहता है?'

ज्योतिदादा ने कहा, 'ठीक हमारे मन में तो वह इच्छा नहीं रहती, किन्तु पृथ्वी पर यदि कोई कुछ सृजन करता है अथवा कोई एक अच्छा कार्य करता है तो उसे हम अनुभव करते हैं।' जन्मान्तर के बारे में जिज्ञासा करने पर वे बोले, 'जन्मान्तर होता है किन्तु पृथ्वी पर रहते समय हम जैसा समझते हैं, वैसा नहीं।' अपनी मुक्ति की बात उनसे पूछी थी, बोले, 'पाओगे। किन्तु और साधना अपेक्षित है। कितनी ही तो भूलें होती रहती हैं।' मेरी रचना के सम्बन्ध में कहा, 'तुम्हारी रचना समस्त

बाधाओं का अतिक्रमण कर चरम सार्थकता के पथ पर चल रही है। सभी अवस्थाओं में तुम शान्त बने रहो।' ज्योतिदादा ने मुझसे बार-बार कहा है, 'शान्त रहो, शान्त रहो।' मैंने कहा, 'शान्त मुझे होना ही चाहिए। आपके इस उपदेश से मैंने विशेष बल पाया है।' उन्होंने कहा, 'जानता हूँ, इसीलिए तुम्हारे पास आया हूँ।' अपने चित्रों के बारे में उस दिन मणिलाल से प्रश्न किया था, उसने कहा था, 'आपके चित्रों का यूरोप में आदर होगा।' ज्योतिदादा ने कहा, 'शंका मत करो। तुम्हारे चित्र विश्व को नया आलोक दिखाएँगे।' आश्चर्य इसलिए हुआ कि इस सम्बन्ध में सचमुच मेरे मन में आशंका है। पृथ्वी पर जिन्हें चाहता हूँ, उनके साथ परलोक में हमारा क्या सम्बन्ध रहता है?—इसके उत्तर में उन्होंने बताया, 'जिन्हें चाहते हैं वे तो अन्तर्देवता के साथ एकाकार हो जाते हैं। फिर तो खोने का भय रहता नहीं।' हिबाट लेक्चर में मैं जो मत व्यक्त करना चाहता हूँ, उसके सम्बन्ध में उनका मत जानना चाहा तो उन्होंने चार बार चौकोर लकीर खींचते हुए लिखा, 'सत्य, सत्य'—खूब जोर देकर! एक बार खुद ही लिखा, 'वह गुलाब का फूल मेरे पास ले आओ।' तब सहसा दृष्टि गई, कमरे में दूसरी तरफ एक छोटी मेज पर रखे फूलदान के गुच्छों में गुलाब का फूल है। हमारी मेज पर उसे लाया गया तो तत्क्षण बोले, 'क्या ही सुन्दर!' उसके बाद बोले, 'मुझे एक गीत सुनाओ।' मैं चारों तरफ निहारता हूँ कि कौन गीत गा सकता है।

उन्होंने लिखा, 'तुम गीत गाओ।' मैं तो सोच ही नहीं पाया कि क्या गाऊँ। उन्होंने लिख दिया, 'रूप-सागरे डूब दियेछि।' गाना शुरू करने के जरा बाद ही याद गड़बड़ा गई। तब उन्होंने गीत के बीच से दो पंक्तियाँ लिख दीं—

जे गान काने जाय ना शोना
से गान जेथा नित्य बाजे—
प्राणेर वीणा निये जाबो
सेइ अतलेर सभा माँझे।

[जहाँ कानों से न सुनाई देनेवाला संगीत निरन्तर गूँजता रहता है, उसी महाशून्य-सभा में अपने प्राणों की वीणा लेकर मैं जाऊँगा।]

इतना-भर गाते ही बोले, 'खूब ठीक। बहुत अच्छा लगा।' लगता है, जो बात वे कहना चाहते थे वह उसी में आ गई। मुझे और याद नहीं था, मैंने और गाया भी नहीं। सुरेन (सुरेन्द्रनाथ ठाकुर) के बारे में जिज्ञासा की, 'क्या वह त्राण पाएगा?' उत्तर, 'पाएगा क्यों नहीं? क्या वह उद्विग्न है?' मैंने कहा, 'उद्विग्नता का कारण है, वह ऋण से जो ग्रस्त है!' वे बोले, 'कर्मफल। बीच-बीच में वह हठधर्मिता जो दिखाता है!' मैंने पूछा, 'नई बहूरानी के साथ भेंट होती है या नहीं?' उन्होंने कहा, 'तुम्हारी नई बहूरानी ठीक तरह से ही हैं।' मैंने पूछा, 'क्या पृथ्वी के प्रति उनका आकर्षण है?' वे बोले, 'है, इसीलिए तो भेंट नहीं होती।' मैंने कहा, 'मैं

अब भी उन्हें भूल नहीं पाता—याद करके व्यथा होती है।' वे बोले, 'जानता हूँ, तुम्हारी नई बहूरानी से कहूँगा मैं।'

ज्योतिदादा के जाने पर साहाना का नाम आया। सहसा यह याद ही नहीं आया कि साहाना कौन है। बूला ने जिज्ञासा की, 'साहाना किसका नाम है?' वह जानती नहीं थी। अवन ने कहा, 'बलू की पत्नी।' साहाना की मृत्यु का समाचार मेरे मन में स्पष्ट नहीं होने से मैं उसकी बात सोच नहीं पाया था। जिज्ञासा की, 'क्या बलू के साथ देखा-देखी होती है?' बोली, 'मृत्यु के बाद कइयों के बीच एक बार उन्हें देखा था।'

'क्या उसको बुला दे सकती हो?'

—देती हूँ।

बलू आया।...

अनेक और बातें लिखी गई थीं—खोजने पर मिली नहीं। सत्येन की एक बात लिखना भूल गया हूँ। उससे जिज्ञासा की थी, 'बांग्ला के आधुनिक कवियों के बारे में तुम्हारे क्या विचार हैं?' सत्येन्द्र ने उत्तर दिया, 'कइयों के भीतर यथार्थ है, किन्तु जानता हूँ कि ठीक वह सुर नहीं है।'

मैं ज़ोर देकर नहीं कह पाता कि ये बातें कहाँ तक ठीक हैं। लगा जैसे भिन्न-भिन्न लोगों के साथ बातें हुईं। इसमें लेशमात्र सन्देह नहीं कि भाषा बूला की

नहीं, भाव भी उसके नहीं। मेरे भी नहीं, जिस हेतु जो मैं सोचता हूँ या सोच पाता हूँ उसके साथ जरा भी मेल नहीं। मेरे अनजाने में मेरा मन यदि उत्तर देता तो वह बात दूसरी होती। अवश्य ही अगर यह कहो कि मेरा अवचेतन मन क्या विश्वास करता है, क्या कहता है उसे मैं नहीं जानता तो फिर तर्क की ही गुंजाइश नहीं। यह कल्पना करना कठिन है कि अशरीरी आत्मा कैसी होती है और उसकी चित्तवृत्ति किस प्रकार की होती है। किन्तु आधुनिक विज्ञान को मानने पर तो देह ही किसी वस्तु के समान प्रतीत होती है, उससे यह रहस्य नहीं खुलता कि वस्तु के मूल में अवस्तु अर्थात् अनिर्वचनीय पदार्थ है। यदि मान लेता हूँ कि यह सब माया सच है तो देहहीन सत्ता को भी मान लेने में दोष नहीं, अवश्य ही अगर उसका प्रमाण उपलब्ध हो। प्रमाण इन दिनों जुटाए जा रहे हैं, अभी तक सर्वसम्मत अवधारणा नहीं बनी है।

चाहे जो हो, ज्योतिदादा—जिनसे बात की है या बात करने की कल्पना की है, उनकी बातों ने गम्भीर रूप से मेरे मन को छू लिया है। मैं इस बात को मन से नहीं हटा पाता कि उन्हें यह कहने का अवसर मिला, 'तुम शान्त रहो।' मेरे जीवन में यही बात सर्वाधिक आवश्यक बात है। ऐसा होने के चलते ही इस बात की प्रतिध्वनि क्षण-प्रतिक्षण मन में गूँजती रहती है। तुम्हारे पत्रों में अनेक बार यह बात लिख चुका हूँ। यह मेरे मन की अतिरिक्त वेदना-कातरता है जिसके

कारण मानव-समूह के बीच बहुधा मैं अपनी शान्ति को बनाए नहीं रख पाता। किन्तु उसके कुछ ही देर बाद यह आत्म-अवमानना मेरे मन को पीड़ित करने लगती है।

पाँच

छह नवम्बर। जोड़ासाँको का तितल्ला। लिपिकार मोहनलाल गांगुलि नकलवाली कॉपी में लिखते हैं, "माध्यम : उमा देवी का दाहिना हाथ, प्रश्नकर्ता : रवीन्द्रनाथ ठाकुर।" मजलिस में अन्य लोगों के साथ अवनीन्द्रनाथ और उनके पुत्र आलोकचन्द्रनाथ हैं। प्रातःकाल 8 बजे से 10.30 बजे।

थोड़ा प्रयास करते ही रवीन्द्रनाथ की एक प्रिय भतीजी अभिज्ञा—हेमेन्द्रनाथ ठाकुर की पुत्री—आई, जिसके सम्बन्ध में 'घरोया' में अवनीन्द्रनाथ कहते हैं, 'अभि का कंठस्वर पंछी के समान था।' गाने के लिए अभिज्ञा का गला असाधारण रूप से अच्छा था। इन्दिरा देवी की समवयस्का, 1873 ई. में जन्म। 1888 ई. में जब 'वाल्मीकि प्रतिभा' का अभिनय हुआ था तब बालिका की भूमिका में अभिज्ञा आई थी। रवीन्द्रनाथ ठाकुर ने अपनी 'पितृस्मृति' में इस अभिदीदी के बारे में बहुत लिखा है। रवीन्द्रनाथ ने स्वयं उसे गाना सिखाया था तथा उन्हें आशा थी कि अभिज्ञा आगे चलकर बड़ी गायिका होगी। किन्तु अकाल-मृत्यु के चलते वह आशा पूरी नहीं हुई।

तुम्हारा क्या नाम है?

—अभि।

क्या तू अभि है? हमारी याद है? कैसी है?

—अच्छी।

पृथ्वी की बातें याद आती हैं?

—आती है।

पृथ्वी के साथ तेरे हृदय का सम्पर्क है?

—यदि इच्छा करूँ।

अच्छा, क्या मेरे बारे में सोचा था? याद है, तेरे लिए मैंने बोट पर कौन-सा गीत लिखा था?

—अच्छी तरह याद नहीं पड़ता। सुर दीजिए...

विहाग में एक गीत की रचना की थी...

—'तुमि रवे नीरवे'। जाती हूँ।

अभि चली गई। जानकारी मिलती है कि पद्मा नदी में बोट पर रवीन्द्रनाथ ने उसी के लिए विहाग में यह गीत लिखा था, 'तुमि रवे नीरवे हृदये मम'।

थोड़ी देर बाद फिर आत्मा का आह्वान होता है। इस बार एक ऐसे व्यक्ति आए जिन्हें रवीन्द्रनाथ नहीं जानते। उन्होंने 'हालदार मोशाय' कहकर अपना परिचय दिया और अंग्रेजी में हस्ताक्षर किया।

कौन?

—हालदार मोशाय।

नाम क्या है?

—(अंग्रेजी में नाम लिखा)

तुम हमारे परिचित हो?

—आपको कौन नहीं जानता?

जानने की इच्छा है कि हमारे साथ किस तरह का परिचय है?

—देखा है, जाना है—जिस तरह दुनियाँ के और लोग जानते हैं। हमारे घर में देखा है?

—एक बार आया था। तब 'डाकघर' का अभिनय हो रहा था।

पृथ्वी पर रहते समय मेरी रचना के बारे में कोई इंटरेस्ट था?

—था। मैं स्वयं पद्यरचना करता था, किन्तु वह क्या कहने की बात है! आजकल के लेखन से परिचय है?

—है।

कौन-सी पुस्तक अच्छी है?

—लगता है, 'योगायोग'।

नाटक देखा है? 'तपती'?

—सुना है।

सुकुमार को भेज सकते हैं?

—देखता हूँ...

'देखता हूँ' कहकर एक आत्मा चली गई। सुकुमार अर्थात् सुकुमार राय की प्रतीक्षा में रवीन्द्रनाथ बैठे हैं। एक दूसरी आत्मा आई। रवीन्द्रनाथ ने सोचा या समझा—सुकुमार राय हैं। किन्तु नहीं, अपरिचित आत्मा। आरती मल्लिक नाम बताया।

तुम्हारा नाम क्या है?

—आरती।

मेरी कोई परिचिता हो?

—मुझे भूल गए?

तुम्हें पहचानता था पृथ्वी पर?

—पहचानते थे। बहुत दिन पहले दार्जिलिंग में।

कोई और परिचय दे सकती हो?

—मेरे पति का नाम एम. के. मल्लिक है।

तुम लोगों का घर क्या कलकत्ते में है?

—दिल्ली अंचल में रहती थी। मेरे पति सेक्रेटरी का काम करते थे।

सुकुमार राय को पहचानती हो?

—देखा है।

उसे बुला दे सकती हो?

—प्रतीक्षा करें। जाती हूँ।

आरती मल्लिक चली गई। लम्बी प्रतीक्षा के बाद सुकुमार राय आए। सुकुमार राय जिस प्रकार रवीन्द्रनाथ के प्रति श्रद्धा रखते थे, उसी प्रकार रवीन्द्रनाथ भी सुकुमार राय पर स्नेह रखते थे। कालाज़ार से आक्रान्त होकर सुकुमार राय जब मृत्युशय्या पर जाते हैं तब रवीन्द्रनाथ शान्तिनिकेतन से कलकत्ता चले आते हैं, रोगी के अनुरोध पर पास बैठकर दो गीत गाते हैं—'आछे दुःख आछे मृत्यु' और 'दुःख ए नय सुख नहे गो, गभीर शान्ति ए जे'। मृत्युपथ-यात्री सुकुमार राय के अनुरोध पर ही अन्तिम गीत दो बार सुनाया।

सुकुमार राय की मृत्यु 1923 ई. में हुई थी। रवीन्द्रनाथ ने शान्तिनिकेतन की उपासना-सभा में कहा था, 'अपने परम स्नेहभाजन युवा मित्र सुकुमार राय की रोगशय्या के पास आकर जब बैठा, यही बात बार-बार मेरे मन में आई कि जीवलोक के ऊपर अध्यात्मलोक है। इस बात को जो भी

व्यक्ति संशयरहित विश्वास द्वारा अपने जीवन में चरितार्थ कर जाते हैं, वे ही अमृतधाम की यात्रा में हमारे नेता होते हैं। मैंने मृत्युएँ अनेक देखी हैं, किन्तु अल्पकालिक आयुवाले इस अल्पवयस्क युवक के समान मृत्यु के सम्मुख खड़े होकर ऐसी निष्ठा के साथ अमृतमय पुरुष को अर्घ्यदान करते प्राय: किसी और को नहीं देखा है। मृत्यु के द्वार पर खड़े होकर उन्होंने असीम जीवन का जयगान किया। उनकी रोगशय्या के निकट बैठने पर उसी गान के स्वर से मेरा चित्त परिपूर्ण हो उठा है।'

सुकुमार राय की मृत्यु के बाद छः वर्ष बीत गए। रवीन्द्रनाथ अपने स्नेहभाजन सुकुमार राय को आत्मा को ले आए। शुरू हुई लम्बी बातचीत। दो-एक जगह लिखावट फिर भी अस्पष्ट है, मैंने जगह भरने की अपेक्षा उन्हें छोड़ दिया है। अवश्य ही इससे अर्थ समझने में दिक्कत नहीं होती।

—आया हूँ।

सुकुमार! कैसे हो तुम?

—दूसरी बात कहें।

पृथ्वी के साथ अब तुम्हारा सम्पर्क है?

—है, खूब है।

यहाँ के हमारे रचनाकार्य और अन्य कार्यों पर तुम्हारा ध्यान है?

—है क्यों नहीं—अभी भी तो वही लिये हुए हूँ!

यहाँ की अपनी रचनाओं के प्रति तुम्हारा लगाव है?

—रचना तो कागज पर नहीं होती, मन में है।

हममें से किसी को आधार बनाकर रचना कर सकते हो?

—मुश्किल। किसके द्वारा?

बूला के हाथ से चित्र बनाओ अथवा लिखो।

—बड़ी शक्ति की आवश्यकता है। मेरे भाव जैसे किसी सृष्टि और प्रलय के बीच से गुजरते हैं।

हमें कुछ कहना है?

—है। आप ही कहें, कितने दिन, कितने दिन आपसे अलग...

धर्म-विश्वास में परिवर्तन हुआ है?

—सुनिए, मैं तो जैसे महान् आलोक के मध्य रहता हूँ। मेरे नेत्र उसी आलोक में डूबना चाहते हैं। किन्तु मेरे मन में कितना अन्धकार...

आलोक क्या मन को आश्रय बनाता है, या शरीर को?

—मेरा मन यहाँ सर्वस्व है। मेरा मन...

उसे और एक बार कहो।

—हमारे मन को पूर्ण कर पाने पर, अर्थात् देवता को..., किन्तु मेरा धर्म-विश्वास अलग है।

मैंने अपने धर्म-विश्वास के सम्बन्ध में एक भाषण (हिबार्ट लेक्चर का, 'मनुष्य का धर्म') लिखा है, जानते हो?

—सो ठीक ही किया है। मेरा मन भी वही चाहता है।

हमारी साधना में सहायता कर सकते हो?

—साधना में?

हम जो इच्छा करते हैं, कामना Aspire करते हैं, उसमें सहायता कर सकते हो?

—मेरी आवश्यकता आपको!

मेरी अपनी साधना आज तक पूरी नहीं हुई। ब्राह्मसमाज के सम्बन्ध में कुछ कहोगे?

—कुछ नहीं।

ब्राह्मसमाज पर आस्था है?

—नहीं, वह पथ ठीक नहीं।

व्यक्तिगत साधना, क्या यही तुम्हारा कहना है?

—हाँ, बहुत-कुछ वही।

प्रशान्त (सुकुमार राय के घनिष्ठ मित्र प्रशान्तचन्द्र महलानविस) अभी जिस कार्य में लगा हुआ है उस पर गौर किया है?

—पूरा-का-पूरा।

इस पथ से उसे सार्थकता प्राप्त होगी?

—जानते हैं? जब आया तो लगा कि पृथ्वी पर मेरी मानसिक धारा पूर्णतः विकास के पथ पर चल रही है।

वाणी का आरोग्य?

—कह नहीं सकता।

मैं जो चित्र बनाता हूँ, क्या वे अच्छे हैं?

—हाँ, इसमें कोई सन्देह नहीं, अपूर्व।

यूरोप में उनका समादर होगा?

—होगा।

> [इस 'होगा' शब्द को माध्यम ने खूब बड़े हरफों में लिखा। रवीन्द्रनाथ पर उन दिनों चित्रांकन का नशा छाया हुआ था तथा उन्हीं दिनों वे सोच रहे थे कि यूरोप में अपने चित्रों को प्रदर्शित किया जाए या नहीं। मृत अन्तरंगों से उन्होंने उस पर सहमति चाही थी। पुनः वार्तालाप—]

मैंने सोचा है कि पश्चिम जाऊँ। कहाँ जाने की सलाह देते हो?

—यूरोप में प्रायः सर्वत्र आपके यश की पृष्ठभूमि प्रस्तुत है।

तुमने जो कहा कि तुम्हें मेरी आवश्यकता है। मैं किस रूप में सहायता कर सकता हूँ?

—मैं आज भी पृथ्वी के सुख-दुख के उस अज्ञात देवता की खोज में हूँ। अभी तक तो उसे नहीं पा सका हूँ।

मेरी किसी रचना द्वारा तुम्हारी सहायता होगी?

—वह मुझे प्रबुद्ध करेगी।

मेरी एकमात्र इच्छा है कि अपनी साधना का फल प्राप्त करूँ और शक्तिलाभ करूँ।

—मोक्ष-पथ पर आप हमसे कहीं अधिक अग्रसर हुए हैं।

[यह वाक्य लिखते समय माध्यम के द्वारा सुकुमार राय ने पहले 'मुक्ति-पथ पर' लिखा, उसके बाद उस शब्द को काटकर 'मोक्ष-पथ पर' लिख दिया।]

देहान्तर-धारण की इच्छा है?

—बहुत इच्छा है, लेकिन ठीक जगह तो पाऊँगा नहीं।

क्या करने से देहान्तर-धारण सम्भव होगा?

—सारे प्रश्नों का विवेचन करने योग्य शक्ति उन्होंने मुझे अभी तक नहीं दी है।

परलोकगत आत्माओं में जो तुमसे आगे हैं वे क्या तुम्हारी सहायता करती हैं?

—यहाँ कोई किसी का नहीं, फिर भी क्या ही गहरा सम्पर्क है!

प्रेम के सम्बन्ध में वहाँ कैसा परिणाम देखने में आता है?

—पृथ्वी के प्रति मेरा मोह आज तक नहीं खत्म हुआ है। इसीलिए आज भी यहाँ का कोई सुर मन को नहीं छूता।

क्या यहाँ का सौन्दर्य तुम्हारी उपलब्धि में है?

—है क्यों नहीं! किन्तु काश, ठीक उसी तरह यदि आपके चरणों में बैठ पाता!

यहाँ मैं गीत-रचना करता हूँ। क्या तुम लोग उसका उपभोग करते हो?

—करता हूँ। अन्तरतम में उसे पाता हूँ।

इहलोक और परलोक—मानवलोक क्या दोनों को एक करता है?

—फिर कहें।

दोनों को मिलाकर क्या कोई जगत् है, या दोनों में पार्थक्य है?

—पार्थक्य नहीं है। वहाँ का कार्य यहाँ पूरा करना होता है। जो कार्य को निबटा आते हैं, उनकी ही मुक्ति है।

जो लोग यहाँ इन्द्रिय-भोग और विषय-कर्म में लीन हैं, उनका क्या होगा?

—कठिन परीक्षा होगी उनकी।

जो लोग सौन्दर्य की सृष्टि करेंगे, उन्हें परलोक में सफलता मिलेगी?

—क्या उसी पथ से अनेक बार मुक्ति के साथ साक्षात्कार नहीं होता?

तुम चले गए। तुम्हारा अभाव अनुभव किया है। सत्येन्द्र और तुम चले गए, अभाव अनुभव करता हूँ। लगता है, तुम यह जानते हो।

—जानता हूँ। मेरे लड़के (सत्यजित राय) को आप अपने आश्रम में रख सकेंगे?

यदि तुम्हारी पत्नी सहमत हों।

—उनसे भी कहिए न!

उसे पाकर मुझे खुशी होगी। वह कुछ समय तक शान्ति की खोज में था।

—जानता हूँ, कर्महीन मन बहुत अशान्त रहता है। कार्य तो कितने ही उसे करने हैं।

तुम्हारी बातें मैं उससे कहूँगा।

—अच्छा।

प्रशान्त (प्रशान्त महलानविस) से कुछ कहना है? मैं कह सकता हूँ।

—नहीं, कहकर क्या होगा? नहीं, वह मुझे अच्छा नहीं लगता।

आत्मीयजनों के साथ तुम्हारी भेंट होती है?

—होती है। कविता पढ़ें, नहीं तो गाएँ, नहीं तो घर के सभी लोग शोर-गुल (हँसी-मजाक) करने लगें।

कहो, क्या गाऊँ!

तरी आमार हठात् डूबे जाय।

रवीन्द्रनाथ ने इस समय जरा इतस्ततः की। उसके बाद कुछ क्षण गुनगुनाकर सुर ठीक किया और गला साफ करके फरमाइश के अनुसार गाने लगे—

तरी आमार हठात् डूबे जाय
कोन्‌खाने रे कोन् पाषाणेर घाय॥
नवीन तरी नतून चले
दिइनि पाड़ी अगाध जले
बाहि तारे खेलार छले
किनार-किनाराय॥
भेसे छिलो स्रोतेर भरे—

इतना गाते ही रवीन्द्रनाथ रुक गए। पद भूल गए हैं, सुर भी ठीक-ठीक याद नहीं। गाना छोड़कर फिर बात करने लगे—

सुकुमार, तुमने मुझसे बड़ी कठिन फरमाइश की, पूरा पद याद नहीं है।

—जानता हूँ यह बात।

'अन्धजने देहो आलो' सुनोगे!

—गाइए। याद आता है, एक दिन मुझे वह सुनाया था।

रवीन्द्रनाथ ने पुनः गाना शुरू किया। यह गीत उन्हें पूरा कंठस्थ है। अतः सुर को थोड़ा ठीक करते ही तन्मय होकर गाते गए—

अन्धजने देहो आलो, मृतजने देहो प्राण
तुमि करुणामृत सिन्धु, करो करुणाकणा दान॥
शुष्क हृदय मम कठिन पाषणसम
प्रेम सलिलधारे सिंचहो शुष्क नयान॥
जे तोमार डाके ना हे, तारे तुमि डाको डाको।
तोमा हते दूरे जे जाय, तारे तुमि राखो राखो।
तृषित जे जन फिरे तव सुधासागर तीरे
जुड़ाओ ताहारे स्नेहनीरे, सुधा कराओ हे पान॥
तोमादेर पेयेछिनु जे, कखनो हारानु अवहेले
कखनो घुमाइनु हे, आँधार हेरि आँखि मेले।
विरह जानाइबो काय, सान्त्वना के दिबे हाय,
बरस बरस चले जाय, हेरिनि प्रेमबयान
दरशन दाओ हे, दाम्रो हे दाओ, काँदे हृदय म्रियमाण॥

गीत समाप्त होते ही निस्तब्धता छा जाती है। स्वरलहरी तब भी सबके कानों में गूँजती रहती है। थोड़ी देर बाद फिर माध्यम में अस्थिरता आती है। सुकुमार राय पुनः बात शुरू करते हैं।

—बहुत अच्छा लगा।

छोटे-छोटे बच्चे जो यहाँ से चले गए, उनका कैसा विकास हो रहा है? क्या आत्मा को लेकर वे जा पाए, या परिपूर्णता नहीं पाने से नष्ट हो गए?

—पथ पर चलते समय फूलों से जैसे पैरों का स्पर्श होता है और

उन्हें उठा लेने की इच्छा होती है, वैसे ही राह में अचानक उन शिशुओं को पाता हूँ। यहाँ शिशुओं का एक संसार है। जो बड़े हो गए या सांसारिक ताप से जो मुरझा गए हैं, वे क्या वहाँ जा पाते हैं?

हम तो देख पाते नहीं। क्या तुम्हें वे दिखाई देते हैं?

—सारी बातें बता नहीं पाता। प्रयास कर सकता हूँ।

आलोकेन्द्रनाथ ठाकुर—अवनीन्द्रनाथ के ज्येष्ठ पुत्र—पास ही थे। वे अकस्मात् दूसरी तरह से प्रश्न करते हैं। प्रतिमा देवी वगैरह उस बार राजगीर घूमने गई थीं। वहाँ उनकी कीमती घड़ी खो जाती है। आलोकेन्द्रनाथ का प्रश्न उसी घड़ी को लेकर था।

प्रतिमा की एक घड़ी राजगीर में खो गई है। कहाँ है?

—एक आदमी ने उसे उठा लिया।

लेकिन क्या सिर्फ वही गुम हुई है?

—और क्या गुम हुई है?

बहुत मामूली, मगर बड़े काम की।

—कौन-सी वस्तु, बता दो।

कपड़े-लत्ते समेत...

—घड़ी कहाँ रखी थी?

आईने के पास?

—वहाँ से तो पहनकर जाती है। लेकिन मुझसे भूल हो सकती है।

किस समय?

—स्नान से पहले।

उसे पाने का कोई उपाय है?

—मैं क्या देवता हूँ?

आलोकेन्द्रनाथ के साथ सुकुमार राय की आत्मा की बातचीत समाप्त होती है। प्रश्नकर्ता पुनः रवीन्द्रनाथ हैं।

अपूर्व (अपूर्वकुमार) की पत्नी (लोपामुद्रा) को जानते हो? उसे बुला दे सकते हो?

—दूर हैं। अभी भी वे बहुत-से आकर्षणों के बीच हैं। मेरा भाग्य अच्छा है कि मैं जरा दूर जा पाया हूँ।

तुम लोगों के रहने के स्थान क्या अलग-अलग हैं?

—सीमाहीन आकाश में, बन्धनविहीन।

जो लोग मुक्ति-पथ पर तुमसे आगे हैं, वे क्या किसी दूसरे सीमाबद्ध आकाश में हैं?

—सीमाबद्ध तो है, किन्तु वह भी असीम...मुझसे बहुत दूर-दूर हैं, किन्तु हैं उस एक ही आकाश में।

उनके साथ सम्पर्क में कोई रुकावट है?

—सो नहीं, बहुतों को पत्नी से भी अधिक माँ का ही आकर्षण है।

जो कभी पति-पत्नी थे, वे क्या उसी तरह साथ रहते हैं?

—सर्वत्र एक-सा नहीं। इच्छा करते ही पाया जा सकता है। यहाँ से मैं अपने प्रपितामह को देख पाता हूँ।

इसके बाद रवीन्द्रनाथ ने जो प्रश्न किया, उसे मोहनलाल गांगुलि की लिखावट में साफ-साफ समझ नहीं पाता। रवीन्द्र-सदन में रखी कॉपी से उसका उद्धार कर पाना कठिन है। सुकुमार राय का उत्तर है—

—वह सम्बन्ध बड़ा मधुर है। लेकिन क्या आपके प्रश्न को मैंने ठीक-ठीक समझा है?

जो देहासक्त हैं, वे क्या वहाँ भोग की इच्छा करते हैं?

—कोई प्रयोजन नहीं होता। हवा में जैसे फूल उड़ जाते हैं, सिर्फ गन्ध रह जाती है। माधुर्य है, किन्तु मादकता नहीं है।

बाद के प्रश्नकर्ता अवनीन्द्रनाथ हैं। किन्तु रवीन्द्र-सदन में रखी कॉपी से उनके दोनों ही प्रश्नों का उद्धार नहीं कर पाता। उत्तर दुरुस्त हैं।

प्रश्न : ...

उत्तर : मन पीछे रह जाता है?

प्रश्न : ...

उत्तर : आध्यात्मिक भाव से।

अवनीन्द्रनाथ के साथ प्रश्नोत्तर समाप्त होने पर पुनः रवीन्द्रनाथ के साथ आत्मा की बातचीत चलती है।

तुम तो जानते हो कि कोनान डायल पारलौकिक संवादों का संग्रह करते हैं, उनमें सचाई है?

—सचाई है, कल्पना-मिश्रित सचाई।

क्या परलोक से कोई झूठ बोलकर भुलावा देता है?

—क्यों नहीं! अब भी कितनी ही बार देखा जाता है कि पृथ्वी पर जो केवल अपना निजस्व छोड़ आए, वे यहाँ आकर कई बुरे कार्य...दुष्ट लोगों की...उन लोगों की एक और पृथ्वी...।

क्या वे पृथ्वी पर जन्म लेंगे?

—इसी की वे इच्छा करते हैं। इतना उन्मत्त आनन्द और कहीं नहीं।

जन्तु के रूप में या मानव के रूप में?

—जैसी इच्छा रहे। किन्तु कितनी तो भूलें होती हैं! आप शायद आश्चर्य में पड़ गए हैं कि मेरे मन में इतनी बातें कैसे आईं...

बाद के चार प्रश्न और उत्तर हाथ की लिखावट में अस्पष्ट हैं। कुछ भी समझ में नहीं आता। केवल अनुमान से लगता है कि 'अन्य-ग्रह', 'सीमाबद्ध जगत्', 'सौर जगत' आदि को लेकर बातें हुईं। बाद का प्रश्न—

अभी भी क्या तुम यहाँ की अपनी Personality की सीमा में हो? अभी भी क्या उसी के अनुरूप चिन्तन करते हो, सुख-दुख का अनुभव करते हो?

—नहीं, व्यक्तित्व में वैसी आवश्यकता नहीं महसूस करता। यहाँ तो हवा में तैरता हूँ।

दूसरे लोकों में मनुष्य हैं?

—नहीं, मनुष्य नहीं।

प्राणी?

—जल है, पत्थर है, किसी-किसी जगह हरियाली दिखाई पड़ती है।

अन्य लोकों के साथ तुम्हारा Communication नहीं?

—अगर इच्छा करूँ तो सम्भव है। किन्तु लौकिक आकर्षण को खत्म करने के लिए यहाँ आना और फिर दूसरे लोक के आकर्षण में पड़ जाना क्या ठीक है?

Racial पार्थक्य है?

—नहीं, खूब मिल-जुलकर रहते हैं। अन्तर और अन्तर में, आत्मा और आत्मा में क्या ही गहरा सम्बन्ध है।

पियर्सन (शान्तिनिकेतन के अध्यापक डब्ल्यू. डब्ल्यू. पियर्सन) को जानते हो? ला सकते हो?

—प्रयास कर सकता हूँ। किन्तु, एक और व्यक्ति तो सामने ही हैं।

कौन हैं?

—उसका नाम शमी है।

असमय ही, मात्र ग्यारह वर्ष की आयु में, शमी की मृत्यु होती है—रवीन्द्रनाथ के कनिष्ठ पुत्र शमीन्द्रनाथ (1896-1907 ई.)। बड़े भाई रथीन्द्रनाथ की भाषा में—

> मुझे सन्देह नहीं था कि बड़ा होने पर वह कवि होगा,
> पिता की प्रतिभा उसी में प्रकाश पाएगी। ('पितृस्मृति')

रवीन्द्रनाथ के बहुत ही लाड़ले बेटे शमी—पाँच सन्तानों में सबसे छोटे, गौरवर्ण, दिव्यकान्ति—आकृति और प्रकृति में अपने 'बाबा' (पिता) के समान थे। जोड़ासाँको, शिलाइदह, शान्तिनिकेतन—सर्वत्र इस पुत्र को रवीन्द्रनाथ छाती से लगाए रहते। माँ की मृत्यु के बाद शमी पिता का और भी निकटस्थ व्यक्ति बन गया। मुख्यत: इस मातृहीन पुत्र के लिए

ही रवीन्द्रनाथ ने 'शिशु' पुस्तक की कविताएँ लिखीं।

वही शमी अपने मित्र भोला के साथ मुंगेर घूमने गए। वहाँ जाकर हैजे से आक्रान्त हुए। सूचना पाकर रवीन्द्रनाथ शान्तिनिकेतन से चल पड़े। साथ में अध्यापक भूपेन्द्रनाथ सान्याल थे। जाकर देखा, हालत चिन्ताजनक है। चिकित्सा और सेवा-सुश्रूषा का भार उन्होंने स्वयं अपने ऊपर लिया। कर्तव्यनिष्ठ पिता अपने मरणासन्न बालक पुत्र के आरोग्य के लिए दिन-पर-दिन, रात-पर-रात जागते रहे।

किन्तु सारी सेवा, सारे प्रयास व्यर्थ, शमी ने चिरविदा ले ली। गंगा के घाट पर ले जाकर अपने प्यारे पुत्र की अन्त्येष्टि-क्रिया रवीन्द्रनाथ ने स्वयं सम्पन्न की।

आँखों पर, चेहरे पर शोक की छाया नहीं, सिर्फ आँखें और भी स्थिर हो गईं, चेहरा और भी भावशून्य हो गया। क्रिया सम्पन्न होते ही भूपेन सान्याल मोशाय से बोले, "भूपेन्द्रबाबू, हमारा कार्य समाप्त हुआ, अब शान्तिनिकेतन लौटने की व्यवस्था कीजिए।"

सारी राह ट्रेन में मुख से कोई बात नहीं, केवल एक अमांगलिक नीरवता। रवीन्द्रनाथ की वह अवस्था देख भूपेन सान्याल मोशाय स्तब्ध हैं। बीच-बीच में उन्हें लगता है जैसे रवीन्द्रनाथ ध्यानमग्न हो किसी दूसरे लोक में हैं।

लौट आए शान्तिनिकेतन, देहरी पर के उस कमरे में आए, जहाँ शमी रहता था। स्नान करके पूर्वाभिमुख हो रवीन्द्रनाथ उपासनारत होते हैं। पूरबवाले बरामदे पर आरामकुर्सी में धँसे, आँखें खोलकर परमपिता के ही बारे में सोचते हैं। ऐसे ही समय में 'बड़े दादा' द्विजेन्द्रनाथ नीचे के बँगले से दौड़ आए। छोटे भाई के पुत्र-वियोग का समाचार पाकर स्थिर नहीं रह पाए, सान्त्वना देने के लिए आए हैं। किन्तु रवीन्द्रनाथ के शान्त-समाहित रूप से वे भी विस्मित हैं।

द्विजेन्द्रनाथ आगे बढ़कर धीरे-धीरे स्नेह से रवीन्द्रनाथ की पीठ पर हाथ फेरते-फेरते सिर्फ यही कह पाए, 'रवि, रवि, रवि।' रवीन्द्रनाथ आँखें खोलकर देखते हैं, बड़े दादा। बड़े दादा की आँखें जल से लबालब हैं। क्षण-भर के लिए रवीन्द्रनाथ विचलित हो उठे। आँखों से जल की कई बूँदें टपक पड़ीं।

किन्तु शोक कितना भी क्यों न हो, दुख के आघात कितने ही क्यों न लगें, रवीन्द्रनाथ के लिए आँख से आँसू बहाने का समय कहाँ? काम, चारों तरफ काम। वे स्वयं कहते हैं—

> शमी जिस रात चला गया, उसके बाद की रात में रेल से आते हुए देखा—आकाश ज्योत्स्ना में तैर रहा है, कहीं कुछ कम पड़ गया है, इसका चिह्न तक नहीं। मन के कहने से कम नहीं पड़ता, सबके बीच सभी रह गए हैं, मैं भी उन्हीं के बीच हूँ। सबके लिए मेरे कार्य भी बचे हुए हैं। जितने दिन हूँ, उसी कार्यधारा को जारी रखना है।

फिर भी, मुख से चाहे जितना कुछ कहें, रवीन्द्रनाथ का मन भीतर-ही-भीतर जो शमी के लिए निरन्तर छटपटाता रहता था, उसका प्रमाण माध्यम के द्वारा हुई बातचीत में हम बार-बार पाते हैं। शमी का नाम लेकर जब भी बुलाते हैं, पुत्रशोकातुर पिता का हाहाकार सुनाई दे जाता है।

उसी एक दिन। छः नवम्बर की सुबह। सुकुमार राय ने विदा ली। शमी घर में आए। शमी की आत्मा।

शमी, तू है?

—कहो न, कौन हूँ?

शमी की माँ?

—नहीं, शमी शमी शमी।

कैसा है तू?

—मैं दौड़ा आया हूँ। बहुत दूर था। जैसे किसी और दुनिया में। किसी ने जैसे पुकारा।

हमारे साथ तेरा सम्पर्क है?

—बीच-बीच में भूल जाता हूँ। किन्तु जब याद आता है तो उसमें भी एक मजा है।

तेरी माँ के साथ तेरा सम्पर्क रहता है?

—इच्छा करते ही चला आता हूँ। किन्तु दूर रहना अच्छा लगता है। बेलादीदी (कवि की बड़ी बेटी माधुरीलता। पुकार का नाम बेला) और रानीदीदी (कवि की मँझली बेटी रेणुका) को देखता है?

—बेला दीदी और मैं अक्सर साथ रहते हैं।

बेलादीदी के साथ प्रेम है?

—खूब, लेकिन मैं बहुत चंचल हूँ इसलिए वे गुस्सा करती हैं।

यहाँ के 'दादा' (शमी के बड़े भाई रथीन्द्रनाथ ठाकुर) की याद है?

—सब याद है। बीच-बीच में भूल जाता हूँ। जिस दिन याद आती है, उस दिन छुट्टी रहती है।

शान्तिनिकेतन की याद आती है?

—आती है। खूब मजे की। ध्रुव (शान्तिनिकेतन का भूतपूर्व छात्र, शमी का समवयस्क) की याद आती है।

भोला (शान्तिनिकेतन का भूतपूर्व छात्र, इसी के साथ शमी मुंगेर जाते हैं) तेरे पास आता है?

—मैं गया था, किन्तु वह कैसा तो है।

याद है, तुझे बुखार आने पर मैं कविता पढ़ता था?

—सब याद है। जब याद करने बैठता हूँ तो सभी बातें चित्रकथा की तरह लगती हैं।

किस कविता की याद आती है?

—'मने करे जेनो विदेश घूरे, माके निये जाच्छि दूरे'।

'पंचनदीर तीरे' याद है?

—खूब अच्छी तरह, किन्तु मेरी प्रवृत्ति में भूल हो जाती है। पहले भी क्या होता?

शिलाइदह की बोट की याद आती है?

—आती है। पानी यहाँ उसी तरह है। किन्तु शान्तिनिकेतन नहीं, कहीं भी नहीं।

शान्तिनिकेतन याद है?

—पूरा याद नहीं। एक सूचना मुझे दे सकते हो?

कौन-सी सूचना?

—क्या बेलादीदी आएँगी?

बुला दे।

—अच्छा ठहरो, मैं जाता हूँ।

शमी चले गए। रवीन्द्रनाथ बड़ी बेटी बेला के लिए बैठे हैं। किन्तु बेला तो आई नहीं। आई एक दूसरी आत्मा—जिसे रवीन्द्रनाथ ने बुलाया नहीं था।

कौन?

—रासमणि।

कौन हो तुम?

—दासी, घर की।

किस घर की?

—भोला बारान्दावाला घर में।

मालिक कौन थे?

—मैं जाती हूँ, अपराध हुआ है।

दासी रासमणि की आत्मा गलत जगह आ जाती है। साधारण स्त्री, 'बाबू लोगों' की मजलिस में आ जाना अपराध जो है, यह परलोक में भी समझ पाई है। इसीलिए तुरन्त खिसक गई। इस बार दूसरी आत्मा आई।

सन्तोषचन्द्र मजूमदार आए। रवीन्द्रनाथ के प्रिय मित्र श्रीशचन्द्र मजूमदार के पुत्र, रथीन्द्रनाथ के मित्र, शान्तिनिकेतन के आदिछात्र। सन्तोषचन्द्र को रवीन्द्रनाथ पुत्र की भाँति प्यार करते थे। पुत्र रथीन्द्रनाथ के साथ सन्तोषचन्द्र मजूमदार को कृषिविज्ञान का अध्ययन करने के लिए अमरीका भेजा था। 1909 ई. में अमरीका से लौटने पर सन्तोषचन्द्र मजूमदार शान्तिनिकेतन के ही कार्य में लग गए थे।

पहले शिशुविभाग के प्रभारी थे, जिसके लिए शान्तिनिकेतन के शिशुविभाग का नाम आज भी 'सन्तोषालय' है। 1923 ई. से मृत्युपर्यन्त वे श्रीनिकेतन के सचिव थे। मृत्यु 1926 ई. में हुई। शान्तिनिकेतन में उन्हें अतिथि-सेवा और बागवानी का शौक था। बहुत से पेड़-पौधे उन्हीं की देख-रेख में बढ़कर बड़े हुए।

रवीन्द्रनाथ को उनकी मृत्यु की सूचना स्वेज में मिली थी—यूरोप से वापसी की यात्रा के पथ में। उन्हें गहरा आघात लगा। एक चिट्ठी में लिखा है—

लगता है कि यही उस दिन तो अमरीका से शिक्षा पूरी

> करके लौटा था। शान्तिनिकेतन के कार्यों में लगकर उसने अपना स्थान बना लिया था। सन्तोष पर मेरी एक वास्तविकता आश्रित थी, क्योंकि मेरे गौरव में ही वह अपने गौरव का अनुभव करता था। मेरे ऊपर कोई आघात खुद उसके लिए सबसे बड़ा आघात था। बाहर की दिशा से जो एक आदमी श्रद्धापूर्वक मुझे पुकार पाता, वह नहीं रहा।

वही सन्तोष मजूमदार उस दिन पारलौकिक मजलिस में आ उपस्थित हुए। रवीन्द्रनाथ प्रसन्न हैं।

कोई और आए हो?

—सन्तोष।

सन्तोष, तुम?

—कहिए।

शान्तिनिकेतन के साथ मानसिक सम्पर्क है?

—है।

> [यह 'है' शब्द बड़े-बड़े हरफों में लिखा जाता है और उसके दोनों तरफ दो लम्बी-लम्बी लकीरें खींच दी जाती हैं। देखते ही प्रतीत होता है कि शब्द के ऊपर बल दिया गया है।]

हमारे जो कार्य यहाँ चल रहे हैं, उनकी जानकारी है?

—जानता हूँ। मुझे बहुत अच्छा लगता है। लगता है, मतभेद होगा। कॉलेज के बारे में क्या खयाल है?

—चलेगा।

अच्छा रहेगा?

—सबकी एकता अपेक्षित है। लेकिन पृथ्वी पर यह क्या अलग-अलग सोचने की परिपाटी है!

लड़कियों के लिए जो व्यवस्था की है, उसमें तुम्हारी सहमति है?

—चले। वह खूब सफल होगी—संगीत और कला की दिशा में।

श्रीनिकेतन के बारे में क्या सोचते हो?

—वह तो बिलकुल बन गया है।

बहुओं (प्रतिमा देवी आदि) ने हस्तकला का विकास किया है। कैसा लगता है?

—बढ़िया, बढ़िया।

रेखा (सन्तोष मजूमदार की बहन) की खबर रहती है?

—रहती है।

कैसी है वह?

—बता नहीं सकता।

बड़े दादा (द्विजेन्द्रनाथ ठाकुर) को देखा है?

—वे अधिकतर ध्यानमग्न रहते हैं।

तुम वहाँ किसी कार्य में लगे हुए हो?

—मैं एक बाग लगा रहा हूँ। लेकिन वह पृथ्वी पर का फूलों का बाग नहीं।

यहाँ जिस प्रकार के पेड़-पौधे होते हैं, क्या वे उसी प्रकार के होते हैं?

—एक वृक्ष की आत्मा का कोई विशेष फूल धीरे-धीरे सूख जाता है।

ठीक-ठीक समझ नहीं पाता हूँ।

—ठीक मनुष्य का जैसे होता है, बहुत कुछ वृक्ष का भी उसी तरह होता है। हमारे फूल नहीं होते, लेकिन उनके फूल बीच-बीच में दिख जाते हैं।

तुम लोगों के शरीर है?

—शरीर कहाँ? एक रूप-विशेष है।

वृक्ष का रूप है?

—हाँ।

क्या अशरीरी वृक्ष की सेवा करने की आवश्यकता है?

—सेवा? नहीं, सेवा नहीं, किन्तु एक तरह का हृदय को हृदय से जानना-समझना।

यहाँ जैसे खाद-पानी देते हैं, क्या वैसे ही वहाँ भी?

—हमें उसकी आवश्यकता नहीं पड़ती।

हम जैसे वृक्ष के सौन्दर्य का उपभोग करते हैं, उससे आनन्द पाते हैं, क्या तुम लोग भी पाते हो?

—आनन्द? नहीं, यह हमारा कार्य है।

कार्य के साथ सुख-दुख की अनुभूति नहीं होती?

—यदि मुरझाया हुआ फूल खिल उठे तो समझूँगा कि एक और कार्य करना है—तब नवीन का आनन्द पाऊँगा।

हमारी पृथ्वी के साथ स्नेह-प्रेम का सम्बन्ध है?

—स्नेह नहीं, प्रेम नहीं, माया है।

[इस उत्तर को लिखने के बाद मोटी लकीर से चारों तरफ घेर दिया जाता है।]

अजित (अजितकुमार चक्रवर्ती) जिस लोक में है, उसी लोक में क्या तुम भी हो?

—जानता हूँ कि वे हैं, किन्तु देख नहीं पाता। मैं तो जानता नहीं कि यह कौन-सा लोक है।

देहान्तर-ग्रहण की इच्छा होती है?

—अगर है तो मेरा स्थान अरण्यलोक में है।

हमें अच्छी तरह देख पाते हो?

—आपको और माध्यम को देख पाता हूँ। अन्य सभी धुँधले लगते हैं अरण्यलोक में पेड़-पौधों के अस्तित्व का अनुभव करते हो, अपने अस्तित्व के द्वारा?

—करता हूँ। मनुष्य की अपेक्षा वे अधिक परिचित हैं।

यहाँ जो लड़के-बच्चे हैं, उनकी बात सोचते हो?

—नहीं, नहीं, मुझे काम है।

शैल (सन्तोष मजूमदार की पत्नी) के सम्बन्ध में तुम्हें कुछ कहना है?

—वह एक वाटिका लगाए। प्रत्येक फूल को प्यार करे।

पेड़-पौधों से प्यार न रहने पर शैल को मुक्ति कैसे प्राप्त होगी?

—उसकी मुक्ति वहाँ ही है। कार्य आरम्भ करे।

कार्य किस प्रकार करेगी?

—एक वृक्ष, न हो एक विशेष वृक्ष—वाटिका चाहे न हो। जाता हूँ।

छह

28 नवम्बर। प्रातःकाल। शान्तिनिकेतन। मजलिस में नन्दलाल बसु और मीरा देवी प्रमुख हैं। प्रश्नकर्ता रवीन्द्रनाथ और माध्यम उमा देवी। डॉ. अमिय चक्रवर्ती प्रश्नों की नकल उतारते हैं।

मणिलाल आए। मणिलाल गंगोपाध्याय। अवनीन्द्रनाथ के जामाता, ठाकुरबाड़ी में ही रहते थे। तत्कालीन ख्यातनामा गद्यकार। साहित्य, नृत्य, अभिनय, संगीत—सभी विषयों के मर्मज्ञ, भारती गोष्ठी के अन्यतम आयोजक, तिस पर रवीन्द्र-भक्त। रवीन्द्रनाथ भी अपने नत-जमाई मणिलाल को अत्यन्त स्नेह की दृष्टि से देखते थे।

मणिलाल को एक और शौक था—प्रेतचर्चा का। खासकर अन्तिम दिनों में वे प्लांचेट और माध्यम को लेकर मस्त रहते थे। 1929 ई. में मणिलाल की मृत्यु होती है। उसी वर्ष वे माध्यम के द्वारा शान्तिनिकेतन के 'उदयन' में आए।

कौन?

—मणिलाल।

कैसे जाना कि बूला यहाँ आई है? सूचना कैसे मिली?

—किसी ने सोचा था।

भावना कैसे पहुँची?

—हवा में से होकर। यह एक प्रकार का Wireless है।

जब पेंसिल नहीं पकड़ते, तब क्या हमें अनुभव करते हो?

—अनुभव कर सकता हूँ, संकेत नहीं दे सकता।

बूला से क्यों लिखना सहज हो जाता है? मेरे पेंसिल धरने से तो होता नहीं?

—ऐसा नहीं कि आपके धरने से होगा नहीं, फिर भी लिखना उनके लिए सहज है। उनकी भावप्रवणता हमें बुला ले आती है।

बूला से बात कहला सकते हो, यदि वह Pencil नहीं पकड़े?

—वह सहज नहीं। बात कहने पर भरोसा कम है, मुँह की बात पर हमारा Control नहीं। उसमें कल्पना मिल जाएगी। वह गुस्सा तो नहीं करतीं?

बूला से जो सम्भव नहीं, वह क्या तुम उससे करवा सकते हो?

—उसकी भी एक Limit है। उनकी ज्ञानचेतना को जगा सकता हूँ, नई शक्ति नहीं दे सकता।

तुमने यहाँ रहकर अनेक असम्भव भौतिक कार्यकलाप देखे हैं।

—नहीं, उसके भीतर बहुत दिखावा है, मैंने स्वयं भी बहुत छलावे किये हैं।

बाहरी वस्तुओं पर तुम्हारा प्रभाव क्या हमसे अधिक है?

—हमारी शक्ति तो बहुत Powerful है, किन्तु प्रयोग दूसरों के द्वारा कर पाते हैं।

आज के इस शरत्-प्रभात की शोभा का अनुभव कर पाते हो?

—जानता जो हूँ, इसीलिए कर पाता हूँ। विदेशी आत्मा के लिए कठिन है।

स्त्री-पुरुष की आत्माओं में भेद है?

—है, भाव में और रूप में।

उस भेद के कारण क्या पृथ्वी की तरह का आकर्षण है?

—है, लेकिन वह तो दैहिक नहीं। अत्यन्त प्रबल है।

यहाँ स्त्री-पुरुष एक-दूसरे की कामना करते हैं, उसके साफल्य में आनन्द है। वहाँ भी क्या वैसा ही है?

—कामना की धारा दूसरे प्रकार की है। यहाँ जिसको चाहते हैं उसको अपने-आपमें पाना होता है। अपने अन्तर्देवता में उसे पाना होता है। वस्तु की सार्थकता नहीं है, आत्मरचना में ही सार्थकता है।

आत्मरचना के साथ यहाँ विश्व का योग रहता है। इसी प्रकार बाहर प्रतिफलित करना क्या तुम लोगों के लिए साध्य नहीं?

—बाहर नहीं, सब अन्तर में।

बाह्य एवं आन्तरिक क्रिया-प्रतिक्रिया का अभाव—कुछ भी कल्पना नहीं कर पाते हम।

—यह अभाव-बोध करने का यहाँ अवकाश नहीं। भीतर इतनी परिपूर्ण सामग्री भरी है, उसे सज्जित करना होता है।

हमारे बाह्य और अन्तर हैं। तुम लोगों का केवल अन्तर है। क्या हमारी अधिक सार्थकता नहीं? हमें दोनों ही हैं।

—हमारे अन्तार के भीतर ही सब कुछ है। वहाँ क्या बाहर की लीला नहीं? हमारी ही सृष्टि है वह।

इसका अर्थ हुआ कि अन्तर में तुम्हारे दो भाग हैं—एक द्रष्टा है, एक भोक्ता।

—हाँ, ठीक पकड़ा है।

बूला के कागज पर उस दिन कविता लिखी थी, वह क्या तुम्हारी पुरानी रचना है?

—होगी, वही कविता मन में आ गई थी। क्यों, कहीं मिली है क्या? फिर मेरी कविता! छिः! छिः!

वह कविता तुमने पहले दिखाई थी या उसके हाथ में नई आ गई?

—नहीं, मुझे तो याद नहीं आती। बूला ने उसे प्रकट करके लज्जित कर दिया। छिः! छिः!

सन्तोष की एक बात मैं समझ नहीं पाता। वहाँ फिर बाग कैसा? समझ नहीं पाता हूँ।

—क्या वृक्ष की आत्मा नहीं? है। शिशुलोक और पुष्पलोक पास-पास ही हैं। यह उसे शक्ति देता है। यह उसे प्रस्फुटित करता है। खेलता है। वृक्षलोक, पुष्पलोक! क्या वहाँ मनुष्य-विशेष का संचार है, या वह तुम सब लोगों के पास ही प्रकाशमान है?

—प्रकाशमान, किन्तु मुझे जाना नहीं पड़ता। इच्छा करने पर जा नहीं सकता, ऐसी बात नहीं। अभी वैसा कौतूहल नहीं।

जिस लोक में तुम रहते हो, उसका नाम बता सकते हो?

—शून्यलोक मेरा ही दिया हुआ नाम है।

शून्यलोक क्या मानव-प्रवेश वर्जित है? बिलकुल शून्य है?

—मानव-आत्माओं से परिपूर्ण। उस शून्यलोक में नक्षत्र खिले हुए हैं। यहाँ तुम्हारी जो भाषा थी, क्या उसी भाषा का प्रयोग तुम आपसी बातचीत में करते हो?

—भाषा का प्रयोजन कम है। इंगित हैं और व्यवहार है। किन्तु इस मधुर वार्तालाप का समय कहाँ, कहाँ?

भाषा का एक आनन्द है, उसके सृजन का आनन्द। भाषा नहीं रहने पर भाव का क्या सौन्दर्य रहता है?

—भाषा नहीं है, भाव नहीं है, ऐसा नहीं। वह एक बात है। कह नहीं पाता।

यहाँ के जिन लोगों के साथ तुम्हारे प्रेमपूर्ण सम्बन्ध हैं, वे क्या पृथ्वी के सम्बन्ध-जैसे नहीं? इन सम्बन्धों की क्या कोई परिणति हुई है? स्नेह-प्रेम-दया की?

—प्रेम है, दया है, ममता है। सब हैं, किन्तु उनकी अभिव्यक्ति बिलकुल भिन्न है। अर्थात् मैं जिसको चाहता हूँ, उससे दूर रहने की साधना ही महती साधना है। ठीक आपकी उस कविता की तरह—

सबार हते काले आसा, सबार हते दूर;
बड़ो कठिन साधना जार बड़ो सहज सुर

[सबके पास आना, सबसे दूर रहना; बड़ी कठिन साधना
है मगर उसका सुर बड़ा सहज है।]

सत्येन्द्र (सत्येन्द्रनाथ दत्त) आदि से स्मृतियों को लेकर चर्चा होती है?

—बीच-बीच में करता हूँ। वह एक उल्लास है। सो भी Rare—सबको हर समय पा नहीं सकते। वह पृथ्वी की मजलिस की तरह जो नहीं!

वहाँ कोई नया मैत्री-सम्बन्ध हुआ है? पृथ्वी पर जिसको जानते नहीं थे?

—सबके साथ यहाँ सम्पर्क है और बन्धुत्व है। सभी चिरपरिचत हैं। सभी जैसे एक छोटे-से गाँव के लोग हों।

पृथ्वी पर जिनके साथ वैमनस्य था, वह क्या अब है?

—नहीं। अगर रहे तो वह मेरे प्रचंड दंड-भोग का सूचक होगा।

तुम लोग क्या इन सारे दंड-भोगों से मुक्ति पाने का प्रयास करते हो?

—यह मुक्तिलाभ बहुत सहज है। सभी हँसना चाहते हैं, सभी प्रेम करते हैं। तो भी आपसे कह दूँ, वह क्या प्रेम है जो प्रेम अलगावरहित है, वह क्या प्रेम है?

जिनकी दुष्प्रवृत्ति है—जिनकी पशुवृत्ति की सीमा नहीं, उनका क्या होता है वहाँ?

—वे ठीक एक और पृथ्वी के आवर्त में डूबते हैं। किन्तु फर्क यही है कि पृथ्वी पर बहुतों को भविष्य की चिन्ता जो नहीं रहती, न्याय-अन्याय का भय नहीं रहता। वह यहाँ नहीं चलता।

अच्छा, पृथ्वी पर जो अनेक लोग स्त्री-पुरुष आदि के सम्बन्ध को लेकर दूषित-घृणित कार्य करते हैं, वे क्या उन सबके बारे में वहाँ लज्जा का अनुभव करते हैं?

—नहीं, लज्जा नहीं। जिसे शरीर है, उसे क्या Advantage नहीं रहेगा! वह बड़ा अन्याय होगा।

सभी मनुष्यों की आत्माएँ क्या स्थायी होती हैं? क्या कोई भी मनुष्य लुप्त नहीं होता?

—अन्त में एक दिन होता है।

क्या उस विलुप्ति को ही तुम मुक्ति कहते हो? एकबारगी सम्पूर्ण विलोप?

—नहीं, मुक्ति वह नहीं। पृथ्वी की गणना के अनुसार विलोप होने में लाखों वर्ष लग जाते हैं। जैसे राम-लक्ष्मण को हम नहीं देखते।

लोकान्तर-जैसी कोई बात तुम लोगों के साथ है? तुम लोगों का अवस्थान्तर अथवा लोकान्तर होता है?

—जन्मान्तर।

जन्मान्तर कहने से समझता हूँ माँ के गर्भ से जन्म, उसी की बात कहते हो?

—हाँ, यदि मैं जन्म लूँ तो कहाँ, किसके घर जा पड़ूँगा—नहीं जानता। तब मुझे फिर पा नहीं सकेंगे। किन्तु मैंने एक मजे का आविष्कार किया है कि मणिलाल के रूप में जितने दिन यहाँ रह जाऊँगा, वही यहाँ रह जाएगा

क्योंकि मणिलाल की आत्मा आप लोगों से ओझल न होगी।

तुम हमसे जो सारे Communicatios करते हो, उसमें भी क्या भूल हो सकती है?

—हाँ, यह तो आविष्कार के समान है! यह कौतूहल व्यक्त करने का स्थान तो नहीं कि किसी से जान लूँ?

तुम लोग पारस्परिक अभिज्ञता के बारे में चर्चा नहीं करते? जो अधिक जानते हैं, उनसे सत्य के सम्बन्ध में सन्देश नहीं लाते?

—रूपान्तर अथवा अवस्थान्तर के सम्बन्ध में नहीं। अगर वे मुझसे बड़े हो जाते हैं तो श्रद्धा के साथ उन्हें मान लेता हूँ। मुक्तितत्त्व को समझने का प्रयास करता हूँ।...जाऊँ, जाऊँ, जाऊँ।

जाओ, किसी और को भेज देना—सत्येन्द्र को।

मणिलाल गंगोपाध्याय चले गए। रवीन्द्रनाथ सत्येन्द्रनाथ दत्त की प्रतीक्षा में हैं। उनके प्रिय शिष्य सत्येन्द्र। लेकिन एक दूसरी आत्मा आई।

कौन? तुम्हारा नाम क्या है?

—मालाकर।

कहो, तुम्हारा वास्तविक नाम क्या है? यह तो तुम्हारा नाम नहीं।

—किसी को बुलाऊँ?

सत्येन्द्र दत्त को बुला सकते हो।

—देखता हूँ।

मालाकर निरुद्देश्य, किन्तु सत्येन्द्र का पता नहीं। इस बार जो आईं,

वे रवीन्द्र-शिष्य अपूर्वकुमार चन्द की पत्नी—लोपामुद्रा—हैं। फिर ये रवीन्द्रनाथ के मित्र चारुचन्द्र दत्त की कन्या हैं। 1929 ई. में दो पुत्रियों और एक पुत्र को छोड़ लोपामुद्रा चल बसीं। रवीन्द्रनाथ की वे परिचिता हैं, इसीलिए उनके स्वर में आन्तरिकता है।

तुम कौन हो?

—लोपामुद्रा।

तुम कुछ कहना चाहती हो? अपूर्व से कुछ कहना है तुम्हें? कोई इच्छा?

—नहीं। आप पर कितनी श्रद्धा रखते हैं वे, इसीलिए कुछ सुनने आई।

मैं उन पर खूब स्नेह रखता हूँ। मेरे साथ उन्होंने अनेक देशों का भ्रमण किया है। उस समय तुम क्या पास ही थीं?

—मैं बच्चों के पास ही अधिक रहती हूँ। वे सुखी रहें।

तुम्हारे बच्चे कई जगह बिखरे हैं। लगता है, इससे तुम्हें दुख होता है?

—सभी सुखी नहीं हैं। मेरी बड़ी बेटी की तबीयत ठीक नहीं रहती।

पृथ्वी के सुख-दुख क्या अब भी तुम्हारे साथ लगे रहते हैं?

—सुख की स्मृति है, दुख को समझा है।

पृथ्वी का आकर्षण क्या तुम्हें व्यथित करता है?

—मुक्ति में बाधा होती है। मैं जानती हूँ कि क्रमश: मैं ऊपर उठूँगी।

तुम मुक्ति की कामना करती हो?

—सबका ही वही एक लक्ष्य है।

मुक्ति-साधना में तुम किसी से सहायता पाती हो?

—अच्छा, मैं जाती हूँ।

बड़ी बेटी माधुरीलता, पुकार का नाम बेला, बाबा (पिता) लाड़ से बुलाते—बेलि। जैसी सुन्दरी, वैसी ही तेजी। प्रथम सन्तान, इसलिए सब कुछ में वही प्रथम! 'पितृस्मृति' ग्रंथ में छोटे भाई रथीन्द्रनाथ ने लिखा है—

> पिताजी अन्य सब लड़के-लड़कियों से अधिक दीदी को चाहते थे। यह हम अच्छी तरह से जानते, किन्तु इसके लिए किसी भी दिन ईर्ष्या का अनुभव नहीं किया क्योंकि हम सब भी दीदी को बहुत चाहते और मानते थे। दीदी को हमसे बहुत ही अधिक बुद्धि है, यह मानते हुए हमें लज्जा का बोध नहीं होता था। वे अपूर्व सुन्दरी थीं, इसीलिए छुटपन से ही घर में सबका लाड़ पातीं, सबकी प्रिय थीं। शिलाइदह में जब पढ़ना-लिखना आरम्भ हुआ, दीदी हमसे बहुत आगे रहने लगीं। पिताजी ने स्वयं ही उन्हें अलग पढ़ाना शुरू किया। उसी समय वे समझ गए थे कि दीदी में लेखन की विशेष क्षमता है। पिताजी के उत्साहित करने पर उन्होंने कई कहानियाँ लिखी थीं।

बड़ी बेटी के सम्बन्ध में रवीन्द्रनाथ 1901 ई. में पत्नी मृणालिनी देवी को एक पत्र में लिखते हैं—

> कल हर समय बेला की शैशव स्मृति मेरे मन पर छाई रही। कितने यत्न से मैंने उसे अपने हाथों से पाला था। उन दिनों मसनदों से लिपटकर वह किस तरह शरारत करती, समवयसी छोटे लड़के को पाते ही कैसे हुँकारी भरती और उस पर टूट पड़ती! कैसी उद्धत मगर भली लड़की थी! पार्कस्ट्रीटवाले घर में उसे मैं

> स्वयं नहला देता, दार्जिलिंग में रात में उठ उठकर दूध गर्म करके पिलाता।

उसी बेला का विवाह कवि बिहारीलाल चक्रवर्ती के पुत्र शरत्चन्द्र चक्रवर्ती के साथ हुआ था। मुजफ्फरपुर में वकील थे। विवाह के बाद रवीन्द्रनाथ स्वयं मुजफ्फ़रपुर जाकर बेटी की गृहस्थी बसा आए। उसके बाद जामाता को विलायत भेजा। बैरिस्टरी पढ़ने के लिए। उसके कुछ दिन बाद पुत्री-जामाता भी आकर जोड़ासाँको वाले घर में रहने लगे।

रवीन्द्रनाथ के प्रयास से ही, कुछ वर्ष बाद, पुत्री-जामाता कलकत्ता के उपनगर श्रीरामपुरवाले घर में रहने चले गए। वहीं बेला बीमार हुई। बीमारी की सूचना पाकर रवीन्द्रनाथ कलकत्ता दौड़े आए। रोज बेटी के पास जाते, सारी दोपहरी उसके साथ बातें करते, नई कहानियों के प्लाट बताते, लक्षण देखकर होमियोपैथी की दवाएँ देते।

किसी कार्यवश उन्हीं दिनों उन्हें शान्तिनिकेतन जाना पड़ा। वहाँ से पुत्र रथीन्द्रनाथ को लिखा—

> कल से कलकत्ता जाने के लिए मन तर्क-वितर्क कर रहा है, किन्तु मेरा हृदय आजकल बहुत दुर्बल है। जानता हूँ, बेला के जाने का समय आ गया है। मैं जाकर उसके चेहरे की ओर देख सकूँ, ऐसी शक्ति मुझमें नहीं। यहाँ मैं मन को जीवन-मृत्यु से ऊपर रख सकता हूँ, किन्तु कलकत्ते में वह सहारा नहीं। यहाँ से मैं बेला के लिए यात्राकाल की मंगलकामना करता हूँ। जानता हूँ, मेरे करने को अब और कुछ नहीं है।

रथीन्द्रनाथ ठाकुर ने अपने 'पितृस्मृति' ग्रंथ में उसके बाद ही लिखा है—

> किन्तु कलकत्ता आए बिना भी वे नहीं रह सके। आखिरी दिन तक रोज दोपहर में दीदी के पास जाते रहे। उस दिन ज्येष्ठ की द्वितीया थी—जब डिहि-श्रीरामपुर रोड वाले घर पहुँचे, उन्हें पता चल गया कि जो होना था सो हो गया। गाड़ी घुमाकर घर लौट आए। उस दिन संध्या समय 'विचित्रा' की बैठक थी। पिताजी सबके साथ जैसे हँसते हुए गपशप करते थे, वैसे ही उस दिन भी किया। उनकी बातचीत से किसी को आभास तक नहीं मिला कि मर्मान्तक घटना घटित हो चुकी है तथा किस मानसिक स्थिति में वे लगातार उनके साथ बातचीत किये जा रहे हैं।

बेला जब चल बसीं, तब उनकी आयु बत्तीस वर्ष की थी। मृत्यु-वर्ष 1918 ई.। उसके ठीक ग्यारह वर्ष बाद—

कौन हो तुम?

—बेला।

बेला? अच्छी है?

—हाँ, ठीक हूँ।

पृथ्वी की सभी बातें याद हैं? यहाँ के साथ तेरा सम्पर्क है।

—है क्यों नहीं?

शमी (कनिष्ठ पुत्र शमीन्द्रनाथ) के साथ देखादेखी होती है? उसे निकट पाती है?

—हाँ, यही पास ही तो था! अभी भी साथ ही रहता है।

बहुत चंचल है, नहीं? शमी?

—हाँ, बहुत चंचल।

अभी तक क्या वह बड़ा नहीं हुआ? उसकी चंचलता क्या गई नहीं?

—नहीं, अभी भी उसे कोई सम्हाल नहीं सकता—वह सभी का प्रिय भी है।

याद तो है कि पहले उसे कविता सुनना पसन्द था—'पंचनदीर तीरे'—अब भी उसका वही भाव है?

—जब भी कविता पढ़ते हो, वह छूटा आता है, हमें भी खींच लाता है।

अच्छी लगती है? मेरी कविता सुनती है?

—बहुत अच्छी। पढ़ना नहीं, जानना।

उस दिन जो 'तपती' का अभिनय हुआ था, सुना था?

—वाह, उस दिन थी जो!

अच्छा लगा था?

—बहुत सुन्दर। केवल देखना नहीं, पाना, जानना, अनुभव करना। मैंने युवावेश सजाया था। मुझे देखा था?

—मान गई थी, सुन्दर।

अमिता (प्रमिता ठाकुर) कैसी लगी?

—अच्छी।

शान्तिनिकेतन की याद आती है?

—आती है कि!

यह जो अभी यहाँ हूँ—सब जान पाती है, समझ पाती है?

—सब जानती हूँ, और इतना अधिक जानती हूँ। जब विदेश में रहती तो क्या इतना सम्भव होता?

शमी तेरे पास ही है अभी?

—हाँ।

बड़ी बेटी के जाते ही छोटे पुत्र आए। शमीन्द्रनाथ आए। शमी हमेशा रवीन्द्रनाथ के मन में बसे रहे हैं। अनेक बाह्य कार्यों की व्यस्तता चाहे जितनी हो, परलोक के साथ सम्पर्क स्थापित करते समय घूम-फिरकर वे बार-बार आए हैं, बार-बार आए हैं शमी—रवीन्द्रनाथ के सबसे लाड़ले शमी, जो असमय ही रवीन्द्रनाथ का हृदय सूना कर चले जाते हैं। शमी जोडासाँको में इससे पहले एक बार और आए हैं—छः नवम्बर को।

कौन?

—शमी।

शमी? आ गया?

—नाराज हैं?

क्यों रे, नाराज क्यों होऊँ?

—तुमने जो कहा कि मैं चंचल हूँ।

चंचल, अच्छा ही तो है! कैसी चंचलता दिखाता है? घूमने निकल जाता है?

—मैं सब कुछ देखना-जानना चाहता हूँ। मैं खुद एक पृथ्वी की रचना करना चाहता हूँ।

उस पृथ्वी की रचना शुरू कर दी है?

—हाँ, खूब अच्छी है। सबको अच्छी लगती है, बहुत मजा है।

कभी मैं भी तेरे पास आऊँगा, मुझे भी नई पृथ्वी की रचना का शौक होता है।

—बढ़िया, बढ़िया होगा। सच?

मैंने तो अपनी लिखी रचनाओं से एक जगत् की सृष्टि की है—वहाँ

बिना कविता के यह कार्य कर सकूँगा?

—क्या मजा!

अपने सन्तोषदादा (सन्तोष मजूमदार) को देख पाता है?

—क्या जानूँ? मुझे तो कितने ही काम हैं। लगता है, तुम्हें विश्वास नहीं?

मुझे तनिक भी विश्वास नहीं। किस तरह के तेरे काम हैं? पृथ्वी-रचना किस प्रकार करता है?

—देखोगे तो अवाक् रह जाओगे, सुनते ही सभी चमक उठते हैं।

उसे क्या आँख से देखा जाता है? मुझे दिखा सकता है?

—आँख से देखा जाता है, कान से सुना जाता है।

चित्र बनाकर दिखा, वह अच्छा रहेगा।

—मजा आएगा, तुम्हारे मन में उसका कैसा रूप आता है?

आनन्द के कितने ही तरह के रूप हैं—एक तो नहीं—किस प्रकार कहूँ?

—अच्छा, तुम एक चित्र बनाओ, शीर्षक 'शमी की पृथ्वी' देना।

मैं क्या चित्र बनाकर दिखाऊँ, या लिखकर दिखाऊँ?

—लिखो चाहे चित्र बनाओ—वह जैसे खूब स्पष्ट हो।

खूब स्पष्ट करके लिखूँगा। लेकिन शक्ति तो हर समय रहती नहीं। हर समय तो वैसा कर नहीं पाता।

—भला तुम नहीं कर सकते!

यहाँ की मेरी सारी कविताएँ सुन पाता है?

—कविता रोज ही सुनता हूँ, कल भी सुनी है। वही जो किसी ने लिख डाली थी।

उसका अर्थ समझ पाया था?

—भद्दी।

याद है, तुम्हारी बीमारी के समय जो मैंने कविताएँ सुनाई थीं?

—कंठस्थ नहीं, किन्तु सब जानता हूँ। सब मन में हैं। बहुत अच्छी लगती हैं। इसी अच्छी लगने के द्वारा पृथ्वी की रचना करूँगा।

मृत्यु के बाद पहले-पहल किसने तुम्हें बुला लिया?

—एक नदी के किनारे मैं खड़ा था, कोई एक व्यक्ति मेरा हाथ पकड़कर ले गए, अच्छी तरह याद नहीं आता।

जहाँ तुम्हारी मृत्यु हुई—उसी मुंगेर में, नदी के किनारे—वहीं का दृश्य क्या तेरी आँखों के सामने था?

—वही ठीक कहते हो, बाबा! मैं सोचता था, यह नदी आखिर क्या है?

मैं यहाँ शान्तिनिकेतन में हूँ, देख पाता है?

—वाह रे, देख पाऊँगा नहीं?

कैसा लगता है यहाँ का यह शान्तिनिकेतन?

—बहुत बदल गया है।

पहले का शान्तिनिकेतन अच्छा था या अभी का?

—अब बड़ा हो गया है, पहले छोटा था—जानकारी में था, इसलिए बहुत अपना लगता था।

अच्छा, अपनी मीरादीदी (छोटी बेटी मीरा गांगुलि) की याद आती है?

—हाँ।

यहाँ उसको देख पाता है?

—तुमको अच्छी तरह, उनको अस्पष्ट।

यहाँ बैठी है। तेरी मीरादीदी को पेंसिल छूने कहूँगा—उसे देख पाएगा?

—तुम्हारे छूने से भी होगा।

देख पाता है? जो जानता है, उससे बहुत बदल गया है?

[इस प्रश्न का कोई उत्तर नहीं। उत्तर के बदले दूसरी बात]

—अच्छा, अपना काम खत्म कर आऊँ। चित्र बनाना और लिखना खत्म करने के लिए फिर एक दिन आऊँगा।

अट्ठाईस नवम्बर की संध्या। मजलिस फिर जमी है। प्रथम आह्वान पर एक गुमनाम आत्मा आई, रवीन्द्रनाथ ने समझा कि नई बहूरानी हैं। इस मज़लिस के कथोपकथन पहले ही अलग रूप से दिये हुए हैं।

कुछ ही क्षणों की प्रतीक्षा के बाद फिर जो आत्मा आई, वह रवीन्द्रनाथ के लिए बिलकुल अपरिचित थी। नाम बताया—शान्ति मित्र। किन्तु यह शान्ति मित्र कौन हैं? पुरुष या स्त्री? परिचय जानने के लिए जब कई लोगों की सहायता लेता हूँ तब झाड़ग्राम से श्रीमती स्नेहसुधा गुप्ता की एक चिट्ठी मिलती है, तारीख 17-9-73 ई. की लिखी। उसमें वे लिखती हैं—

> लगता है, यह मेरी परिचिता हैं; ढाका के ट्रेनिंग कॉलेज के भूतपूर्व आचार्य मनोरंजन मित्र की कन्या मात्र 22-23 वर्ष की आयु में 1927 ई. में परलोक चली जाती हैं; शान्ति को 'आमार बेला जे जाय साँझ बेलाते' गीत बहुत प्रिय था। गाने का स्वर भी अच्छा था, गाती भी बहुत सुन्दर ढंग से थीं। और, कवि की परम भक्तिन थीं।

मुझे भी लगता है, ये शान्ति मित्र वही हैं। आते ही अपना प्रिय गीत सुनना चाहा, 'आमार बेला जे जाय'।

तुम कौन हो?

—शान्ति मित्र।

कौन शान्ति मित्र? मैं पहचानता हूँ?

—मित्र।

मैं पृथ्वी पर तुम्हें जानता था?

—एक गीत सुनने आई हूँ। 'आमार बेला जे जाय साँझ बेलाते'।

सुर तो मुझे याद नहीं है। जानती तो हो, मेरे गीत स्वयं मुझे ही याद नहीं रहते। बूला से गाने को कहूँ?

—आपसे गीत सुनने का लोभ था। अच्छा, जाती हूँ।

ज्योतिदादा आए—ज्योतिरीन्द्रनाथ ठाकुर, रवीन्द्रनाथ के सबसे घनिष्ठ, सबसे प्रिय भ्राता। ज्योतिदादा एक बार और आए थे—जोड़ासाँकों में, फिर शान्तिनिकेतन में आए।

वही ज्योतिदादा आए, रवीन्द्रनाथ के शब्दों में, "जिन्हें मैं सबसे अधिक मानता था। ऊपर से उन्होंने मुझ पर कोई बन्धन नहीं रखा। समवयसी की भाँति उनके साथ तर्क किया है, नाना विषयों पर चर्चा की है। वे बालक का आदर करना जानते थे। मेरे अपने मन की स्वाधीनता के द्वारा ही उन्होंने मेरे मनोविकास में सहायता की है।"

वही ज्योतिदादा आए, जो "पियानो पर हाथ चलाते हुए नई-नई भंगिमा में मादक धुनें तैयार करते जाते, मुझे पास बिठाए रहते। उस समय निकली हुई उन धुनों को शब्दों में बाँधना मेरा काम था।"

वही ज्योतिदादा आए, जो रवीन्द्रनाथ के शैशव, कैशोर और यौवन के प्रारम्भ—इन तीनों अवस्थाओं से जुड़े हुए हैं। किन्तु बाद के जीवन में दोनों व्यक्ति अलग-अलग रहे। एक गए शान्तिनिकेतन, दूसरे राँची। उसी राँची में परिपक्व आयु में, ज्योतिरीन्द्रनाथ की मृत्यु हुई। 1925 ई. में। उसके ठीक चार वर्ष बाद—

कौन?

—भेज दिया है तुम्हारी नई बहूरानी ने।

ज्योतिदादा! उस दिन आपकी बातें सुनकर मैं बहुत उपकृत हुआ। मन को शान्त कर पाया हूँ।

—कर पाओगे, मैं जानता हूँ।

मृत्यु के बाद के क्षण में किस प्रकार परलोक से सम्बन्ध जुड़ता है?

—वह तो एक बेसुध भाव के भीतर से हम आते हैं। ठीक जैसे नींद से जागते हैं। सारा जीवन ही विगत रात्रि के स्वप्न-जैसा प्रतीत होता है।

शमी ने मुझसे इतना ही कहा कि वह एक पृथ्वी की रचना करता है। खूब मजा आता है उसे। वह क्या है?

—करता तो है, लेकिन उसने बताने से मना किया है।

'शमी की पृथ्वी' शीर्षक देकर कोई एक रचना करने के लिए उसने मुझसे कहा है।

—अच्छा तो है, लिख दो न! उसके मन में सचमुच बहुत कुछ खेल रहा है। उसने जैसे एक नवीन आलोक देख लिया है। मेरी बूढ़ी आँखें उसे देख नहीं पातीं।

अच्छा, सन्तोष ने कहा कि वह वृक्षों को लेकर व्यस्त है—अरण्यलोक की सृष्टि कर रहा है। वह क्या है?

—वह उसकी परीक्षा है। वह जैसे किसी प्रकार छिटक पड़ा है, अरण्य में डार से टूटी सूखी टहनी की तरह।

किन्तु वह अरण्य क्या उसके बाहर है, या भीतर?

—अन्तर में बाहर की तरफ, जिस प्रकार छप्पर पर फूस बिछा रहता है।

आपने अन्तर्लोक में कुछ सृष्टि की है?

—चेष्टा कर रहा हूँ।

उस सृष्टि का मूल्य क्या स्थायी है?

—मूल्य यही कि इस लोक के एक स्तर से दूसरे स्तर पर उठूँगा, अधोगति नहीं होगी।

इस पृथ्वी पर हमारी जो रचनाएँ हैं उनका मूल्य मुख्यत: दूसरे लोगों के लिए है। आप लोगों की रचना क्या स्वयं के लिए ही है?

—मेरी रचना तो वैसी नहीं कि सबको आलोक दे—तुम यहाँ आने पर सभी को खूब जगा सकोगे। अर्थात् तुम्हारे द्वारा बहुतों को सहायता और शक्ति मिलेगी, मुझे यह विश्वास है।

बड़े दादा (द्विजेन्द्रनाथ ठाकुर) से भेंट होती है?

—वे ध्यानमग्न रहते हैं। सम्बोधित करके उनसे कुछ कहा नहीं जा सकता।

क्या आप लोग रूप धारण करके दिखाई दे सकते हैं?

—दिखाई दे सकते हैं। उसमें हमारी शक्ति की भी आवश्यकता होगी, अर्थात् हमसे यह नहीं हो सकता कि एक माध्यम की आत्मा की तरह सहजता से दिखाई दे जाएँ।

नई बहूरानी से दिखाई देने के लिए कहा था। बोली थीं कि चेष्टा करेंगी। कर सकेंगी?

—उनकी शक्ति कहाँ तक जा सकती है सो तो जानता नहीं। तो भी तुम्हें एक इच्छाशक्ति का खूब प्रयोग करना होगा।

यह जो मैं यहाँ हूँ तो क्या मेरे अन्तर में और आपके अन्तर में क्रिया-प्रतिक्रिया होती है?

—किसके अन्तर में?

मेरे अन्तर में और आपके अन्तर में शक्ति की क्रिया-प्रतिक्रिया होती है?

—होती है। तुम प्रश्न करते हो, इसीलिए उत्तर देना सहज हो गया है।

यहाँ पर आपके आने के चलते क्या मैं अपने अन्तर में विशेष-कुछ पाता हूँ?

—मैं तुम्हें क्या दूँगा? अपनी समस्त शुभकामनाएँ लेकर मैं आया हूँ। उन्हें क्या तुम पाओगे नहीं?

मैं अपने अन्तर में जब शक्ति का प्रभाव अनुभव करता हूँ, जब भूल करता हूँ तब क्या आप उसे दूर कर सकते हैं?

—तुम क्यों भूल करोगे?

मैं जब चित्र बनाता हूँ, उस समय आपका ध्यान करने से आपकी शक्ति की कोई प्रतिक्रिया हो सकती है?

—सहायता मिल सकती है, यदि तुम उस प्रकार पुकारो। तुम यदि उतने बढ़िया माध्यम होते तो हो पाता।

बूला के भीतर से आप अभी एक चित्र बना सकते हैं?

—नई शक्ति देना सम्भव नहीं। अच्छा तो जाता हूँ। खुश रहो।

ज्योतिदादा के बाद एक और आत्मा का आविर्भाव हुआ। नाम सर्वजया, वयस्का। बोलीं कि वे रवीन्द्रनाथ की माता शारदा देवी की सखी हैं।

तुम कौन हो? क्या नाम है!

—सर्वजया।

तुम्हें जानता हूँ?

—तुम जब छोटे लड़के थे, तभी मेरी मृत्यु हुई।

अपनी आत्मीया समझूँ?

—तुम्हारी माँ की सखी।

हमारे घर में रहती थीं?

—अनेक बार गई हूँ। सब कहते हैं, तुम बड़े कवि हो गए हो।

इसीलिए एक बार देखने आई।

मेरी माँ को वहाँ देख पाती हैं?

—कुछ समय पहले भेंट हुई थी।

क्या वे आज आ सकेंगी?

—वह तो मैं जानती नहीं। जाने कैसे आ टपकी हूँ। पुराने जमाने की बूढ़ी। अगर-मगर नहीं जानती।

आप किस लोक में हैं?

—बेटे, मैं जिस लोक में हूँ उसे तुम मृत्यु हुए बिना समझोगे नहीं। तो, जाती हूँ।

सर्वजया के बाद रवीन्द्रनाथ के एक और भतीजा आए—मँझले दादा हेमेन्द्रनाथ के पुत्र हितेन्द्रनाथ। गुरुजन 'हितू' कहते, छोटे भाई-बहन 'हिद्दा'। अपनी पारिवारिक बही में इस 'हिद्दा' ने ही रथीन्द्रनाथ के जन्म से पूर्व लिखा था—"रविकाका को एक यशस्वी और सौभाग्यशाली पुत्र होगा, कन्या नहीं होगी। रविकाका के समान हास्यप्रिय उतना नहीं होगा, वह रविकाका की अपेक्षा गम्भीर होगा।"

हितेन्द्रनाथ को रवीन्द्रनाथ बहुत चाहते थे। उनके गाने का स्वर भी विलक्षण था। उन्हें शान्तिनिकेतन ले जाकर रवीन्द्रनाथ ने मन्दिर की उपासना में एक बार उनसे गायन करवाया था। 1908 ई. में, मात्र 41 वर्ष की आयु में, हितेन्द्रनाथ की मृत्यु हो जाती है।

कौन?

—हितेन्द्र...

हितू, कैसे हो तुम?

—अच्छा ही हूँ।

तुम किस लोक में हो?

—जहाँ सभी मानव-आत्माओं को आकर मिलना होता है।

पृथ्वी के साथ सम्बन्ध है?

—उतना अधिक नहीं, तो भी सभी बातें याद आती हैं। कितने ही दिन हो गए उसे, कितने ही दिन!

पृथ्वी के लोगों पर स्नेह-प्रेम उसी प्रकार है?

—उनका सुख ही मेरा सुख है।

क्या वहाँ कोई नया सम्बन्ध कायम हुआ है?

—इतने परिचित विदेही चारों ओर रहते हैं कि हर समय उनसे भेंट कर पाना सम्भव नहीं होता।

तुम्हें संगीत से प्रेम था, उसकी चर्चा होती है?

—संगीत से प्रेम अब भी है। चर्चा? अभी भी अपने भीतर उसका स्वर सुनता हूँ। क्या मैं किसी को बुलाऊँ?

पियर्सन को बुला सकते हो?

—प्रयास करता हूँ।

नहीं, पियर्सन साहब नहीं आते। एक मर्मान्तक दुर्घटना के शिकार हो पियर्सन 1923 ई. में चल बसे थे। रवीन्द्रनाथ का मन उनके लिए छटपटाता रहता था।

पियर्सन के बदले अजितकुमार चक्रवर्ती आए। रवीन्द्र-साहित्य के प्रथम एवं श्रेष्ठ समीक्षक, शान्तिनिकेतन के भूतपूर्व अध्यापक। 'काव्य-परिक्रमा', 'रवीन्द्रनाथ' आदि उन्हीं की पुस्तकें हैं। जैसे पंडित थे, वैसे

ही संगीतज्ञ। उनका कंठस्वर भी बड़ा मोहक था। अजितकुमार चक्रवर्ती रवीन्द्रनाथ के जैसे अन्तरंग थे, वैसे ही गुणग्राही थे।

दार्शनिक प्रसन्नकुमार को एक पत्र में रवीन्द्रनाथ ने लिखा है—

> अजित बी.ए. परीक्षा में उत्तीर्ण है। इसके दर्शन-विषयक प्रश्नोत्तरों को देख परीक्षकों ने विशेष रूप से विस्मय का अनुभव किया है। उस बार मोहितबाबू नीतिशास्त्र के परीक्षक थे। वे अजित की उत्तर-पुस्तिकाओं को देख अत्यन्त आनन्दित हुए थे तथा बोलपुर विद्यालय में इसे शिक्षक नियुक्त करने का आग्रह-भरा अनुरोध किया था। उनके अनुरोध पर ही अजित को मैंने अपने विद्यालय में रख लिया है।

अजितकुमार चक्रवर्ती और सतीश राय, दोनों मित्र थे। सतीश राय बी.ए. पास किये बिना ही शान्तिनिकेतन पहले जाते हैं, अजितकुमार बी.ए. पास करके जाते हैं। अजितकुमार की 'काव्य-परिक्रमा' आज भी रवीन्द्र-चर्चा की द्वितीय पुस्तक है।

अजितकुमार की मृत्यु 1918 ई. में हुई। मात्र बत्तीस वर्ष की आयु में।

कोई आए हो? नाम क्या है?

—अजित।

तुम लोगों के यहाँ तो मानव-आत्माओं का सम्मिलन होता है, क्या किसी सभ्यता का उदय हुआ है? सबके सम्मिलित प्रयास से?

—वह तो कोई लकीर खींच देना नहीं, वह एक विराट व्यापार है।...

मेरा कहना यह है कि तुम लोग जो प्रयास करते हो, वह व्यक्तिगत

साधना है या समष्टिगत?

—व्यक्तिगत। पहले स्वयं को सिद्ध कर लेते हैं, फिर यदि किसी का उद्धार कर पाते हैं तो वह महत्कार्य होता है।

जो यहाँ रहते हुए ही कितनी ही सिद्धियाँ पा जाते हैं वे क्या करते हैं?

—उनके लिए स्वर्ग प्रस्तुत रहता है। वे क्रमश: शक्तिशाली होते हैं। सभी मनुष्यों को मिलाकर जो एक विराट सृष्टि है, क्या उसी में तुम लोगों की गणना करूँ? इहलोक और परलोक को मिलाकर?

—उसी में तो हैं ही। वह अशरीरी क्षेत्र तो असीम है। किसी एक जगह उसका अन्त है, उसी सीमारेखा पर हमारा स्थान है।

पृथ्वी के बारे में तुमलोग चिन्ता करते हो?

—हमारी चिन्ता से कुछ होने को नहीं। इसलिए शुभकामना व्यक्त करता हूँ। सारी पृथ्वी अब हमारे आदर की वस्तु है।

मैं जानना चाहता हूँ कि यूरोप या भारतवर्ष जिस पथ पर जा रहे, वह अच्छा है या बुरा?

—पृथ्वी बहुत आगे बढ़ी है। उसका यह परिवर्तन अच्छा है बुरा, यह तो जानता नहीं। हम जब इस लोक में आए थे, उसके बाद कितना कुछ Change जो हुआ है।

स्त्री-पुरुष के सम्बन्ध को लेकर यूरोप में जो सामाजिक विप्लव हुआ है, उसके सम्बन्ध में तुम्हारा कोई अभिमत है?

—कुछ तो स्वाभाविक है, फिर भी जरूरत नहीं थी। लेकिन शरीर ऐसी वस्तु है कि उसकी उपेक्षा नहीं हो सकती, बहुत-सारे स्थलों पर ही नहीं हो सकती। हम ठीक इसी अभाव का अनुभव करते हैं।

शरीर का अभाव क्या तुम अनुभव करते हो?

—शरीर नहीं है, यह बात भुलाने से नहीं चलेगा।

यह क्या सूक्ष्म शरीर है?

—रूप है, एक निजस्व की भंगिमावाला रूप।

उस शरीर के पालन-धारण की जो व्यवस्था हमारी होती है, वह क्या तुम लोगों की नहीं होती?

—नहीं, उसे सुन्दर बनाना ही हमारा काम है। बाहर और भीतर पश्मीने की बुनी वस्तु-जैसा तो होता नहीं!

अशरीरी रूप को सुन्दर बनाना कहने से क्या समझूँ?

—उसे पूर्ण करना, उसे जाग्रत रखना। वह जैसे एक नवीन आलोक में डूबा रहे, अन्धकार जैसे उसका स्पर्श न करे।

तुम लोगों के रूप एवं शरीर की परिणति है क्या?

—नहीं।

क्षय एवं वृद्धि की परिणति—कुछ नहीं?

—अवनति है या नहीं, नहीं जानता। उसको पूर्ण करना ही परिणति है—चरम परिणति।

वहाँ शमी को तुम देख पाते हो?

—देखा है।

देखा है? वहाँ वह क्या करता है? उसका काम क्या है?

—उस तरफ ध्यान देने से उसने मना किया है। कहा है, समय आने पर बुलाऊँगा। उसने बहुतों को चेता रखा है।

क्या वह एक विशेष भाव की सृष्टि कर रहा है?

—ठीक।

तुम लोग अपने मन के भीतर किसी नये जगत् की सृष्टि कर रहे हो?

—हमारे मन में यही इच्छा है कि जो आत्माएँ पीछे हैं, उन्हें अपने समूह में मिलाकर एक आनन्द की कोई व्यवस्था की जाए। जानता हूँ कि यहाँ उसकी आवश्यकता कम है, पृथ्वी का वह आनन्द तो आज भी भुला नहीं पाता।

देहान्तर-ग्रहण करने की इच्छा होती है?

—इच्छा? यदि शान्तिनिकेतन में जगह मिले।

इसका अर्थ यह है कि तुम्हें फिर जन्म लेना होगा?

—नहीं, ठीक-ठीक जानता नहीं। मैं तो मुक्ति-पथ ही खोज रहा हूँ।

हमारे भावी काल को तुम हमसे अधिक उज्ज्वल रूप में देख पाते हो?

—Fortune-teller की तरह नहीं, तो भी हमारी अनुभूति शायद शरीरधारी मानवों से अधिक होती है।

शान्तिनिकेतन का भविष्य देख पाते हो?

—आपके नहीं रहने पर?

हाँ।

—रहेगा।

उन्नति होगी?

—उन्नति होगी।

किसी विभाग पर तुम्हारी आस्था है?

—कलाविभाग।

उसके कार्य तुम देख पाते हो?

—पाता हूँ।

शान्तिनिकेतन के सम्बन्ध में कैसा सोचते हो?

—बढ़िया बन गया है।

उसके द्वारा देश का उपकार होगा?

—खूब।

इस बार अपने व्यक्तिगत जीवन की बात पूछूँगा। क्या मेरे जीवन के और भी कार्य बाकी हैं, या किनारे पर आ गया हूँ?

—जानता नहीं।

बताना नहीं चाहते?

—मैं ज्योतिषी तो नहीं!

मैं इसलिए पूछता हूँ कि मेरे लिए किस धारा को पकड़कर चलना हितकर होगा—यह जानना चाहता हूँ।

—और भी कार्य पूरे करके आएँ। आपके सुख का क्षेत्र यहाँ प्रस्तुत है। जाता हूँ।

अजित चक्रवर्ती के विदा लेते ही एक दूसरी आत्मा आकर, मात्र एक बात कहकर, चली गई। नाम बताया नहीं, फिर अनुमान—कादम्बरी देवी। उसके बाद एक और आत्मा आई। वह मालाकर थे, जो पहले भी एक बार आए थे और अन्य आत्माओं को आगे कर देना जिनका काम था।

कौन?

—मालाकर।

आप कौन हैं?

—यहाँ सबको आगे कर देने का मैंने जिम्मा लिया है। किसी को बुलाऊँ?

सन्तोष को पहचानते हैं?

—अच्छा देखूँ, जाता हूँ।

मालाकर चले गए। सन्तोष मजूमदार को ले आए! सन्तोष मजूमदार मोशाय पहले भी आए हैं। रवीन्द्रनाथ के अत्यन्त अन्तरंग व्यक्तियों में एक हैं वे।

कौन?

—सन्तोष।

क्या तुम अभी भी उस वृक्ष-साधना में लगे हो?

—मेरा मन आज बहुत प्रसन्न है, वही बताने आया हूँ।

अपनी साधना में नया कुछ तुमने पाया है?

—जानता हूँ कि मेरी जो साधना है उसमें आनन्द भले न हो, मुक्ति है। मैं थोड़ा और आगे बढ़ा हूँ।

जिस लोक में तुम रहते हो, उसे क्या वृक्षलोक कहेंगे?

—नाम नहीं जानता, बता नहीं सकता। वही होगा। वृक्ष की आत्मा में यहाँ मैं देवता के सान्निध्य का अनुभव करता हूँ।

तुम लोगों की साधना में कोई सहायता कर सकता हूँ?

—आप जो वृक्षों से प्यार करते हैं, फूलों से प्यार करते हैं उससे लगता है कि मैं खूब आनन्द पाता हूँ।

वृक्षों को मैं बहुत चाहता हूँ। अक्सर वृक्षों की सेवा करता हूँ।

—जो कार्य मैंने लिया है, वह मेरे पथ को सुगम बनाएगा। आप क्या उस पर विश्वास नहीं करते?

अवश्य ही विश्वास करता हूँ।

—मुझसे कुछ कहेंगे? कोई अच्छा उपदेश? मैंने यहाँ दूर रहना चाहा था, किन्तु अब लोभ होता है। जानता हूँ, मेरी पुकार होगी।

तुम मानवात्माओं की किसी सेवा में लग सकोगे?

—सकूँगा। किन्तु अभी मेरा यह कार्य तो पूरा हो! यही आशीर्वाद चाहता हूँ। मेरा प्रणाम स्वीकार करें। —मैं जाता हूँ।

मोहितचन्द्र सेन आए। नव-ब्राह्मसमाजी, कृती छात्र, दर्शनशास्त्र के

अध्यापक और परम रवीन्द्र-भक्त। उन्हीं के सम्पादन में रवीन्द्रनाथ का काव्य-संकलन, 'काव्य-ग्रंथावली', पहले-पहल प्रकाशित होता है। 1904 ई. में हेडमास्टर के रूप में मोहितचन्द्र सेन शान्तिनिकेतन विद्यालय का कार्य-भार सँभालते हैं। रवीन्द्रनाथ उन्हें लिखते हैं, "आप कब आएँगे, इसके लिए मैं बाट जोहता हूँ। मेरा चित्त क्षुधातुर है।" रवीन्द्रनाथ के 'आत्मोत्सर्ग-परायण' मित्र मोहितचन्द्र सेन शान्तिनिकेतन में अवश्य ही अधिक दिनों तक नहीं रहे। मोहितचन्द्र सेन के नाम पर आज भी शान्तिनिकेतन में एक भवन का नाम है—'मोहित कुटीर'। मोहितचन्द्र सेन का एक और परिचय है, वह 'माध्यम' उमा देवी के पिता हैं। मोहितचन्द्र सेन की मृत्यु 1906 ई. में हुई।

आप कौन हैं?

—पिता।

किसके पिता?

—बूला का। मोहितचन्द्र सेन।

कैसे हैं वहाँ?

—अच्छा हूँ, विलक्षण।

वहाँ आनन्द पाते हैं?

—आनन्द का प्रचुर आयोजन है। आत्माओं के बीच उसका प्रकाश है।

बाह्य विषयों को लेकर वहाँ सुख-दुख नहीं?

—दरकार ही क्या है? आत्मसृष्टि में ही आनन्द है। आत्मलाभ?—वह दीर्घसाधना का फल है।

आत्मसृष्टि क्या विश्व के लिए, या अपने लिए?

—पहले अपने-आपकी सृष्टि करता हूँ, उसे पूर्ण करता हूँ, उसके

बाद मेरे समक्ष विश्व पूर्ण होता है।

जो सृष्टि करते हैं, वह क्या रह जाएगी, या अपने साथ चली जाएगी?

—सृष्टि का क्या कोई अन्त है? वह तो क्रमशः सूर्य की ज्योति के समान चारों ओर बिखर जाएगी। मानवात्मा को क्या अपदार्थ वस्तु समझते हैं?

आप लोगों के प्रति जो अपराध हम पृथ्वी पर करते हैं, उन्हें क्या आप लोग क्षमा कर देते हैं?

—क्षमा? क्षमा की कोई बात नहीं। सब कुछ ही क्षमा कर जाएँगे। उसके समान आनन्द और किसी में नहीं।

पृथ्वी पर कितने ही अपराध हम कर बैठते हैं, उनकी आप लोगों तक पहुँच होती है?

—तुच्छ, अत्यन्त तुच्छ। मुक्ति का पथ अत्यन्त विराट है। विस्तृत क्षेत्र है। दैनन्दिन के क्षुद्र अपराधों की धूल कहीं खो जाती है।

धर्ममत के सम्बन्ध में क्या कोई परिवर्तन हुआ है?

—जो पथ आपका है, वह तो सुन्दर है। नियति सहज ही आपके पास आ खड़ी हुई है। उपदेश दूँ? नहीं, उसका तो कोई प्रयोजन नहीं। मन को शान्त रख सभी कार्य पूरे कर आएँ। आप तो फाँकी देकर छुट्टी पा नहीं लेते। बूला को आशीर्वाद—जाता हूँ।

सात

1929 ई. का 29 नवम्बर। प्रात:काल। शान्तिनिकेतन। इस दिन का प्रथम आह्वान।

सतीशचन्द्र राय आए। मोहितचन्द्र सेन के ही समसामयिक—शान्तिनिकेतन के अध्यापक। शान्तिनिकेतन में भी पास-पास ही दो भवन हैं—'सतीश कुटीर' और 'मोहित कुटीर'।

रवीन्द्रनाथ इस सतीश राय पर पुत्रवत् स्नेह रखते, उनकी कवि-प्रतिभा का आदर करते। बरिशाल के इस तरुण कवि और आदर्शवादी शिक्षक में रवीन्द्रनाथ ने सहज साधक का चेहरा देखा था। उन्होंने लिखा है—

> आश्रम के जो शिक्षक होंगे, वे मुख्यत: साधक होंगे।
> सतीश ने इस कल्पना को पूर्णत: साकार किया था।

वही सतीश राय शान्तिनिकेतन में चेचक रोग के शिकार होकर मात्र बाईस वर्ष की आयु में चल बसे। 1904 ई. में। मृत्यु के बाद उनकी लिखी पुस्तक 'गुरुदक्षिणा' प्रकाशित होती है। 'आश्रमेर रूप ओ विकाश' निबन्ध में सतीश राय के सम्बन्ध में रवीन्द्रनाथ की लम्बी चर्चा है। और,

'वनवाणी' की 'शाल' शीर्षक कविता में भी उन्होंने सतीशचन्द्र राय को स्मरण किया है। उसी सतीश राय की आत्मा अई।

कौन?

—सतीश।

सतीश राय?

—अवश्य।

हमारी याद है?

—खू—ब।

[यह 'खूब' शब्द बड़े-बड़े हरफों में लिखा है।]

हमारे यहाँ के तब और अब के अन्तर का पता है?

—अच्छी बात। इसका जो होना उचित था, वही हुआ है।

तुम कविता लिखते थे। क्या अब भी उसमें अनुराग है?

—अनुराग है, किन्तु निर्भरता घट गई है।

एक कविता मुझे लिखा दो।

—सर्वनाश!

[इस 'सर्वनाश' शब्द को बड़े-बड़े अक्षरों में लिखा गया है और चारों तरफ लकीर खींच दी गई है।]

उस समय कितनी सहजता से लिखते थे, वह शक्ति अवश्य है।

—प्रयास करते भी भय होता है। तब के आपमें और अब के आपमें बहुत फर्क है। तब सरस्वती के कंठहार थे, अब उनके माथे के मुकुट हैं।

किस प्रकार हो तुम, हमारी भाषा में बोल सकते हो?

—यह कौतूहल ठीक आपके ही योग्य है। प्रयास कर सकता हूँ, मगर क्या समझ सकता हूँ?

तुम्हारी सत्ता किस प्रकार की है?

—जैसे एक (बहुत इतस्ततः करते हुए) वीरान घर हो।

वीरान घर की मरम्मत नहीं होती?

—उसका पलस्तर किया है, रंग चढ़ाया है, वह रंग हमारी आत्मा के रंग से रंगीन है।

उसकी रंगीनी जब पूर्णता पाएगी तब क्या वह पृथ्वी से सुन्दर होगी?

—शान्तिनिकेतन के दिनों की बहुत याद आती है।

याद आता है कि शालबागान में रात में कितनी बातें चलती थीं?

—खू—ब। और याद आता है आपका वह स्नेह-प्रेम, जिसने मुझे कितना ही सम्मान दिया। मैं क्या उसके योग्य हूँ?

तुम्हारे चले जाने के बाद तुम्हारी तरह किसी और की सहायता मैं नहीं पाता।

—मैं तो पास ही रहता हूँ, कितनी ही बार पास आया हूँ। देने की स्थिति में रहने पर दे डालता।

मैं जब लिखता हूँ तब भाव मुझे तुम क्यों नहीं देते?

—मेरे भाव, सर्वनाश!

> [यह पूरा वाक्य सतीश राय की आत्मा ने मोटे हरफों में लिखा।]

यदि जीवित रहते तो प्रकांड पंडित होते, मुझे पीछे छोड़ जाते।

—अपनी कविताओं में आपने बहुत कुछ दिया है। मुझे पहले आभास मिला था। अच्छी लगी थीं।

मेरी आजकल की कविताएँ देख पाते हो?

—जानता हूँ।

[बड़े अक्षरों में लिखावट होती है।]

विशेष रूप से कौन-सी कविता अच्छी लगती है?

—'शाल', 'आम्रवन', 'सागरिका', 'महुया' की सभी कविताएँ और 'ताजमहल'।

['ताजमहल' के चारों ओर निशान लगा दिया है।]

मेरे उपन्यास की कोई खबर पाई है?

—बहुत सुन्दर, चमत्कार।

[बड़े अक्षर, नीचे लकीर।]

आजकल के किसी आधुनिक कवि को पढ़ा है?

—आपकी कविताओं में डूबा हूँ, समुद्र मिल जाने पर जलकुम्भीवाले पोखर में क्यों डूब मरूँ?

तुम्हारे आनन्द का क्या कोई बाह्य उपकरण नहीं?

—आज बड़ा आनन्द।

[मोटे हरफ, नीचे लकीर।]

तुम लोगों के उपकरण क्या हैं। मन के भावों को क्या तुम लोग सजाते हो?

—हाँ, उसी से अपने को सज्जित करते हैं। वह जो शोभा पाता है, वही तो मुक्ति हुई। जिस स्तर पर उसका आनन्द जा पहुँचता है, उसे पृथ्वी का आनन्द छू नहीं सकता। किन्तु आनन्द के कितने ही तो प्रभेद हैं।

तुम्हें देह धारण करने की इच्छा होती है?

—क्या जानूँ!

[आत्मा पहले 'नहीं' लिखती है, उसके बाद 'नहीं' काटकर फिर 'नहीं' लिखती है। उस दूसरे 'नहीं' को काटकर फिर 'हाँ' लिखा जाता है। बाद में उस 'हाँ' को भी काटकर 'क्या जानूँ' कर दिया जाता है।]

हमारे अन्तर और बाह्य दोनों ही हैं। तुम लोगों के क्या केवल अन्तर ही है?

—सब कुछ अन्तर में पाता हूँ। वह तो भुलावा नहीं देता। ग्रहण करने की शक्ति होनी चाहिए।

पृथ्वी से जब जाऊँगा तब क्या इससे अच्छा कुछ पाऊँगा, या खो दूँगा?

—शायद पहले ही देखेंगे—अवश्य आपकी बात मैं सोच नहीं पाता, आप तो ऊर्ध्वलोक में विराजमान हैं। किन्तु मैं पहले आकर देखता हूँ कि मन मानना नहीं चाहता, अभाव जैसे मिटता नहीं। बाद में देखता हूँ कि शान्ति के समुद्र में निमग्न हूँ। वह जैसे 'जलेर माँझारे वास करि, तृषाय शुकाये मरिगो' है।

मैं तुम लोगों को विशेष कुछ दे सकूँगा?

—अवश्य, अवश्य।

[बड़े-बड़े हरफ।]

शमी को देख पाते हो?

—बीच-बीच में। उसका आनन्द उसको लाँघ गया है। यहाँ हिंसा नहीं चलती। पृथ्वीवाला मन रहने पर लगता है कि हिंसा करूँ।

वह तो कहता है कि वह एक पृथ्वी की रचना कर रहा है। 'शमी

की पृथ्वी' पुस्तक लिखने के लिए उसने मुझसे कहा है। जरा समझाकर कहो कि वह क्या करता है।

—लिखें न, वह विलक्षण होगा। लेकिन अभी-अभी उसका संकेत मिला है। वह बोलने से मना करता है।

समझूँ कि वह तुम्हारे पास ही है?

—पास नहीं किन्तु उसका संकेत आ पहुँचा।

लगता है, शमी सोचता है कि बाबा (पिता) उसके भाव को चुरा लेंगे।

—शमी आपको लेकर मगन रहता है।

क्या तुम कविता की तरह कुछ सृजन कर रहे हो, या अपने-आपकी सृष्टि कर रहे हो?

—सृजन के बीच होकर।

तुम लोगों का काल विभाजित है? दिन-रात्रि?

—एक आलोक के मध्य हूँ। जभी अन्धकार देखता हूँ, समझ पाता हूँ कि भूल हुई। आलोक जब उज्ज्वल रहता है तब समझता हूँ कि मुक्ति शुरू हुई।

तुम जो यहाँ से चले गए हो तो उस लम्बी अवधि की अनुभूति क्या तुम्हें नहीं होती?

—कहने पर लम्बी अवधि को समझता हूँ, किन्तु तब भी लगता है कि वह यही सुबह की बात है।

अल्पायु में कार्य अधूरे छोड़कर चले गए, इससे क्या कोई क्षति हुई?

—बहुत ही हुई। तब भी जो अपने कार्यों को पूरा करके आता है, वह यहाँ आने पर उन्हीं कर्मों का फल भोगता है। क्षण-भर में मुक्ति का पथ प्रस्तुत। लेकिन अतृप्त आत्माएँ अपने-अपने कार्यों का हिसाब चुकता करने के क्रम में पीछे रह जाती हैं।

अजित (अजित चक्रवर्ती) वहाँ है? पृथ्वी पर जिस तरह चिन्तन-

विश्लेषण किया करता था, क्या अब भी उसी तरह करता है?

—बहुत ही चिन्तनप्रिय है। यहाँ क्या चिन्तन चलता है? यह तो सब कुछ को पाना-भर है। यहाँ दुविधा नहीं। भय नहीं। सोचने-विचारने के दिन तो पृथ्वी पर ही शेष करके यहाँ आना होता है।

किन्तु तुम लोगों को क्या सत्य-असत्य का विचार नहीं करना पड़ता?

—सत्य [चारों ओर लकीर खिंच गई]। यहाँ असत्य कार्य का फल तत्क्षण ही पा जाते हैं। तत्क्षण ही भूल समाप्त हो जाती है। सत्य ने अपने स्वरूप को मानो स्वर्णालोक से सजा रखा है। क्या मजाल कि असत्य उसका स्पर्श कर ले!

जिन्हें अत्यन्त भोगासक्ति और इन्द्रियासक्ति है, वे वहाँ कैसे रहते हैं?

—वे सब जरा दूर रहते हैं। जो अपने-आपको पहचान लेते हैं उन्हें महान् आत्मा तत्क्षण ही अपने पास खींच लेती है। यहाँ दंड नहीं, किन्तु एक व्यवस्था है। प्रेम उसका संचालन करता है।

किन्तु भोगासक्ति क्या उन्हें पृथ्वी की तरफ खींचती है?

—जिन्हें खींचती है उन्हें छुट्टी नहीं मिलती। समय आने पर वे उसी मिट्टी की गोद में जा गिरते हैं। मैं तो जरा आगे हूँ, तो भी क्या आप सोचते हैं कि मिट्टी की गोद के प्रति मेरी लालसा कम है?

जो तुमसे अधिक मुक्त हैं उनसे क्या तुम ज्ञान प्राप्त करते हो?

—वे शिक्षा नहीं देते। किन्तु अपने पास हमें खींच लेते हैं। उनके बीच एक दिन—दिन अवश्य ही पृथ्वी के हिसाब से कहता हूँ—एक बार जा सकता हूँ, तभी पाना होता है। जबरन देते नहीं, इसलिए सेवा के लिए मन सदा ही प्रस्तुत रहता है।

पृथ्वी पर हमारी व्यक्तिगत साधना जातिगत साधना पर निर्भर रहती है। भारतीय मेधा और यूरोपीय बुद्धि में क्या कोई भेद नहीं होता?

—सब एक [चारों ओर गोल निशान और लकीर]।

किन्तु अफ्रीका के Cannibals को ले लो, उनके साथ क्या हमारा कोई पार्थक्य नहीं रहेगा?

—अवश्य रहेगा। वह जो कहा कि वे दूर ही रहते हैं। जिनका समय आता है वे विकसित होने पर आ पाते हैं। एक बड़ा दल, एक छोटा दल है। किन्तु दलबन्दी नहीं।

भारतवर्ष का मनुष्य होने के चलते क्या मेरी विशेष गति है?

—भारतवर्ष कहना छोटा करके कहना है। सौरजगत् ने भी इसी महाशून्य में स्थान पाया है।

चन्द्रलोक-सूर्यलोक की खबर रखते हो?

—जान सकता हूँ, लेकिन कौतूहल नहीं।

जो वैज्ञानिक हैं, उन्हें क्या कौतूहल नहीं रहता?

—वे तो वही लिये रहते हैं। उसके भीतर ही मुक्ति का सन्धान ढूँढ़ते हैं। यदि भूल होती है तो दूसरे पथ पर लौट आते हैं। पथ कोई एक तो नहीं।

कौतूहल-प्रवृत्ति की जो एक चरितार्थता है, उससे तुम लोग वंचित क्यों रहोगे?

—कौतूहल का सम्बन्ध पृथ्वी से है, जीवित आत्मा से है, किन्तु इस लोक में पारस्परिक कार्य के सम्बन्ध में कौतूहल या Interference नहीं है।

तुम मुझे कुछ कहो, प्रश्न का उत्तर नहीं।

—अच्छा।

> [इस 'अच्छा' को लिखने से पहले आत्मा कई टेढ़ी-मेढ़ी रेखाएँ खींचती हुई लिखती है 'माध्यम का मन', उसके बाद उसे काटकर लिखती है 'अच्छा']

लोग चित्र बनाते हैं, कविता करते हैं, उनके कार्य क्या वहाँ उसी रूप आगे बढ़ेंगे?

—सभी कार्यों की लिमिट (सीमा) है, अपने अन्तर में उतरकर हम एक सीमानिर्देश पाते हैं। यदि देखते हैं कि हमारी कामना आज भी अतृप्त है तो उसका कुछ और विकास या सृजन चलता है। धीरे-धीरे देखते हैं, वह पथ हमारे मुक्ति-सन्तरण की अपेक्षा कर रहा है। एक बार ऊपर उठना ही होता है। भय होता है, तब भी हार मानने से चलता नहीं। फिर देखते हैं, हमारे समस्त कृतकर्मों का आनन्द अब मुक्ति के आनन्द के साथ मिलकर एकरस हो गया है। वही हुई वास्तविक मुक्ति।

क्या तुम्हें पहलेवाला वही सतीश याद आता है? वह सतीश क्या इस सतीश से अलग है? क्या मैं सिर्फ अपने उसी परिचित सतीश को देख रहा हूँ?

—आपके समक्ष मैं वही बीते दिनोंवाला सतीश हूँ। तनिक निखरा हुआ। वही वीरान घर-जैसा मन लेकर आया था। उसकी जरा रँगाई-पुताई कर दी है। जानते हैं कि किसका रंग है वह? मेरी मुक्ति का वह रंग है। वह रंग कैसे पाया, जानते हैं? मेरे अन्तर में जो एक काव्य था, जिसे केवल आपके काव्य की बयार में गति मिली है, वही महान् काव्य मुक्ति का आलोक है।

आज की यह प्रभातबेला, यह वृक्ष के पत्ते-पत्ते के बीच सिहरती शीत-बयार, यह जो दूर के उस छातिम वृक्ष पर आलोक देखता हूँ, क्या इसी प्रकार तुम भी शीतकालीन प्रभात को देख पाते हो?

—आपने कहा है, आपकी आँखों के भीतर से देखता हूँ। जिन्होंने अपनी बात कहने में मेरी सहायता की है, उनके मन के भीतर से देखा है।

मैं यदि जानता कि तुम साथ-साथ चल रहे हो तो कितना खुश होता, बता नहीं सकता। आज लगता है कि तुम पास आए हो। तुम्हें खोकर बहुत कष्ट पाया है।

—आज सुबह जब आप बाग में घूमने निकले थे, मैं एक बार

निकट आया था। मन में ठान लिया था कि आज बुलाहट होने से पहले ही आऊँगा। तब उस भोर की बेला में मन को लगा था, आप उस कंकड़ बिछे पथ पर चल रहे हैं, मानो उधर अन्दर-ही-अन्दर मैं छिपा हुआ हूँ।

सतीश राय चले गए। रवीन्द्रनाथ अनमने हो उठे। बहुत सारी स्मृतियाँ शान्तिनिकेतन की स्मृतियाँ झुंड-के-झुंड आ रही हैं। ऐसे ही समय शमी की आत्मा पुनः लौट आई—यह तीसरी बार। शमी आया है, यह जान रवीन्द्रनाथ खुश हो उठते हैं।

कौन, कौन हो तुम?

—शमी।

तू बड़ा नटखट है।

—कई प्रश्न हैं।

हाँ, बोल क्या प्रश्न है?

—काया बड़ी या मन बड़ा? छवि बड़ी या छाया बड़ी? मोह बड़ा या सत्य बड़ा? सुख बड़ा या आनन्द बड़ा? भाव बड़ा या भाषा बड़ी?

प्रश्न तो सारे ही कठिन हैं? काया या मन किसी को बड़ा या छोटा नहीं बनाऊँगा। यहाँ तो मन को पूर्णता देने के लिए ही काया चाहिए। क्या वहाँ उसकी जरूरत नहीं पड़ती? भाव के लिए भाषा न होने पर यहाँ नहीं चलेगा। दोनों के योग से यहाँ हमारी सृष्टि है।

—अरे, पूछने तो मैं ही आया हूँ।

मेरा मन तो कहता है कि मन के लिए काया की आवश्यकता है। तेरा मन क्या कहता है, बोल न?

—ठीक कहते हो। बाद में बताऊँगा कि क्या सोचता हूँ।

शमी फिर चम्पत। अधिक समय तक नहीं रहने से रवीन्द्रनाथ अतृप्त हैं। किन्तु इसी बीच, उन्तीस नवम्बर की सुबह के तीसरे आह्वान पर एक अशरीरी वार्तावह (सन्देशवाहक) आत्मा आ धमकती है।

कौन, नाम क्या है?

—मैं कायाहीन विदेही आत्मा...

एक समय थी तो तुम्हारी काया।

—मैं आई हूँ खबर देने।

कहो, कौन सी खबर?

—पियर्सन साहब ने आपको अपना प्रणाम निवेदित करते हुए कहा है, कि विशेष बाधा के चलते वह इच्छा रहते भी नहीं आ पाए। जल्दी ही किसी दिन आकर आपसे मधुर वचन और सदुपदेश सुनने की इच्छा रखते हैं। उन्हें क्षमा करेंगे।—चलूँ।

शमी पास ही थे। वार्तावह आत्मा के जाने के साथ-साथ माध्यम की उँगली फिर हिल उठी। शमी अपने पिता के पास आ बैठे। उस दिन प्रातःकालीन चतुर्थ आह्वान—'फोर्थ कॉल'।

कौन?

—शमी।

बोल-बोल, क्या है?

—तुमने उपनिषद की जो व्याख्या की, उसे सुना है। मेरा भी यही मत है। क्या मजा!

तू मेरी उपनिषद-व्याख्या समझ पाता है?

—तुमने खूब सरल बनाकर कहा था। लगता है, तुम समझते हो कि मैं बिलकुल बुद्धू हूँ?

तू जो पृथ्वी बना रहा है—भाव में भाषा, देह में मन मिलाकर क्या तू उसे बना रहा है?

—अभी कहूँगा नहीं। चित्र बनाकर या नहीं तो लिखकर...

डरता है तू? कहीं पीछे मैं तेरा भाव चुरा न लूँ?

—जाओ।

तू बड़ा चंचल है।

—गुस्सा करते हो?

अपने दादा (रथीन्द्रनाथ) को यहाँ देख पाता है?

—वे जो सोचते हैं, उसमें दिलचस्पी नहीं। अधिक दिलचस्पी तुम्हारे सोचने में...।

तेरे दादा तो Practical हैं, मेरी तरह, तेरी तरह भावुक नहीं। उसके नहीं होने से काम कैसे चलेगा?

—कार्यशील मनुष्य को दुख नहीं।

सो नहीं, भावुक मनुष्य को दुख बहुत उठाना पड़ता है।

—तो फिर चलूँ?

एक चित्र बना दे न!

—मुझे बहुत काम है।

शमी क्षण-भर में चम्पत। और उसके बाद उन्तीस की सुबह का पाँचवाँ आह्वान। संकेत लोकेन पालित ने दिया, जिनके साथ कवि की मित्रता का सूत्रपात तरुणाई के प्रारम्भ में हुआ था, विलायत में। 'रवीन्द्र-जीवनी' के रचयिता की भाषा में सर तारकनाथ पालित के पुत्र लोकेन "रवीन्द्रनाथ के बाल्यबन्धु, तरुणाई के सखा, साहित्य के रसज्ञ समालोचक" थे। चरित्र और दैनन्दिन जीवन में दो विपरीत प्रकार के व्यक्ति होने पर भी उनकी मैत्री में कभी दरार नहीं आई। 'संध्या' पत्रिका में दोनों मित्रों की साहित्यालोचनाएँ चलतीं। रवीन्द्रनाथ की अत्यन्त प्रिय पुस्तक 'क्षणिका' लोकेन पालित को समर्पित है।

लोकेन पालित आए। क्या आश्चर्य, एकमात्र उन्हीं की बातें प्रांजल भाषा में!

क्या नाम?

—लो—के—न।

लोकेन तो नहीं?

—हाँ।

अच्छा, तुम लोग वहाँ की खबर रखते हो, समझाकर कह सकते हो, तुम लोगों की अवस्था कैसी है, हमारे साथ ठीक-ठीक किस तरह का अन्तर है?

—मैं बहुत समय तक एकाकी निस्संग अवस्था में पड़ा हुआ था।

अब क्या उसमें परिवर्तन हुआ है?

—स्वप्न से जैसे मैं जाग उठा हूँ। दिन के प्रखर आलोक में आँख खोले नहीं रख पाता।

क्या स्वप्न से जागरण तुम्हें अच्छा लगता है? या, वेदना है?

—सत्य के सन्धान में मैंने मिथ्या द्वारों का अन्वेषण किया है। मिथ्या ने मुझे जितना सुख दिया, उससे सौ गुणा अधिक सुख वेदना ने दिया है। लोहे को तपाकर सोना बनाना, तब भी कौन कहे कि नकली बना या असली?

तुम्हारा जो धर्ममत था, उसमें क्या अब परिवर्तन आया है?

—मेरे विश्वास में बल नहीं था। एक आडम्बरपूर्ण भक्ति थी, जिसका अधिक मोल नहीं।

क्या अब अन्तर में प्रतिष्ठित हुए हो, कोई आश्वस्ति पाते हो, सत्य के बल का अनुभव करते हो?

—अश्वस्ति क्या? अपनी बात को मैं इस प्रकार नहीं कह पाता।

पृथ्वी पर हमारे किसी कामकाज में जो योग तुम्हारा है, उससे सम्बन्धित कोई उपलब्धि हुई है?

—मैं युक्त रहना चाहता हूँ किन्तु ठीक सत्य के मध्य नहीं रहने के कारण योगसूत्र कितनी ही बार टूट गया है। लेकिन मिथ्या कहकर अन्याय न करना। भ्रम की बात भी ठीक नहीं।

मुझसे कुछ कहने-बताने की तुम्हारी इच्छा है?

—नहीं, मैं कहीं और भी पथभ्रष्ट, लक्ष्यभ्रष्ट न हो जाऊँ। जितना ही मैं पृथ्वी से युक्त (आकर्षण नहीं) रहूँगा, उतनी ही अच्छी तरह मैं सत्य को पाऊँगा।

तुम आज की पृथ्वी को अनुभव करते हो, यह जो मैं देखता, पाता हूँ?

—मैं एक गहरे आनन्द में हूँ। एक समय जिन द्विविधाओं और प्रश्नों ने मुझे नाना पथों पर भटकाया था, वे बुलबुले की भाँति शून्य में विलीन हो चुके हैं।

मैं अभी जिस कार्य में संलग्न हूँ, शान्तिनिकेतन के कार्य में, उसका अनुसरण तुम कर पाते हो?

—कभी-कभी नहीं करता, अभी कर रहा हूँ। इस लोक में ही मेरा जन्मान्तर हो चुका है। अब नये प्रकार की व्यवस्था है।

तुम यहाँ के मेरे कार्यों का अनुमोदन करते हो? क्या हमारे शान्तिनिकेतन के इन कार्यों के बारे में तुम्हें कुछ कहना है?

—अवश्य। मैं बहुत आनन्दित होता हूँ। तुम्हारा पथ कंटकाकीर्ण नहीं, पुष्पों-पल्लवों से भरा है।

मेरी कविता के साथ परिचय है?

—यथेष्ट।

अच्छी लगती है? पहले तो अच्छी लगती थी तुम्हें।

—अवश्य। कविता को मैंने खो दिया था। कविता मुझे खोज ले आई है।

लोकेन पालित चले गए। उन्तीस नवम्बर की संध्या। रवीन्द्रनाथ मन-ही-मन नई बहूरानी की बात सोचते हैं। सोचते ही आईं। शुरू में मैंने उसी मजलिस का विवरण दिया है। उसके बाद ही एक ऐसी आत्मा का आगमन होता है जिसकी मृत्यु आत्महत्या से हुई, पोखर के जल में डूब मरने से। उस आत्मा ने अपना परिचय सरित्वासिनी नाम बताते हुए दिया। किन्तु रवीन्द्रनाथ उसे पहचानते नहीं।

पूरा नाम बताओ।

—सरित्वासिनी।

क्या मैं तुम्हें पहचानता हूँ?

—आपको कौन नहीं पहचानता?

धरती पर तुम्हारे साथ मेरा परिचय था?

—दूर से देखा है, भक्ति की है, पूजा की है।

यहाँ के मेरे कार्यों के बारे में जानती हो? क्या लिखता हूँ, क्या करता हूँ?

—मैं तो कुल मिलाकर मात्र कुछ ही दिन आई। जान पड़ता है दो वर्ष—तिस पर कितना कुछ जो जान गई।

अच्छा, पृथ्वी पर का अपना परिचय दोगी मुझे, दे सकती हो?

—मैं कुलवधू हूँ।

तुम्हें बोलते संकोच होता है?

—जानते हैं, मैं जल में डूब मरी थी? अपने गाँव के पोखर के जल में।

क्या इस आत्महत्यावाली मृत्यु से तुम्हें दुख भोगना पड़ा है?

—किस प्रकार अकस्मात्...

उससे क्या परलोक में तुम्हें असुविधा हुई है?

—किन्तु जब समझती हूँ कि इस बार डूबूँगी, तब मन-ही-मन दुहराती हूँ—'दीघिर सेइ जल शीतल कालो, ताहारइ कोले गिये मरण भालो'। जाती हूँ।

कविता की आवृत्ति करते हुए आत्महत्या? मजलिस में उपस्थित सब-के-सब विस्मित हैं। एक अपरिचिता के आत्मघात की कथा पर कुछ विचार-विमर्श भी चलता है। ऐसे समय बिना बुलाए ही पुनः आए सन्तोष मजूमदार। अपरिचिता सरित्वासिनी के जाते-न-जाते वे मजलिस के अभ्यागत बन गए। सन्तोष मजूमदार इससे पहले दो बार और भी आ चुके हैं।

तुम कौन हो, नाम क्या है?

—सन्तोष।

सन्तोष?

—आज कुछ क्षण का अवकाश मिला है, इसलिए अवकाश का आनन्द लेने के लिए आया हूँ।

अपने कार्य में तुम अग्रसर हो रहे हो न? हमारे साथ बातचीत करने से लाभ होता है?

—अच्छा होता है। मैं कैसे शीघ्र आगे बढ़ गया, आज तक इतने वर्षों के प्रयास से भी वैसा नहीं कर पाया। पता नहीं, आप लोगों के साथ बातचीत करने के फलस्वरूप तो नहीं—अन्तर को बड़ी शान्ति मिली। तुम अन्तर में जो बाग लगा रहे हो, उसी से क्या मानवात्मा की ओर अग्रसर हो रहे हो?

—आह, जिस दिन मेरे मन का वह बाग पूरा हो जाएगा, उसकी प्रत्येक सूखी डाल सजीव हो उठेगी, उस दिन मैं मानवात्मा का आह्वान सुनूँगा। अभी केवल वृक्ष की डाल को सुनता हूँ, वर्षा के दिनों में पेड़-पौधे जैसे सनसना उठते हैं, वैसे ही सर्वदा सुनता हूँ।

छुट्टी की बात जो तुमने कही सो किसके पास से छुट्टी? कौन तुमसे काम करवाता है?

—वह जो सन्तोष, जो सब कुछ छोड़-छाड़कर यहाँ आया था। लेकिन यह न सोचें कि वृक्षों के साथ मैत्री में मुझे आनन्द नहीं। वे ही मेरे एकमात्र सहचर हैं। जानता नहीं, अधिक बातें जानता नहीं।

यहाँ कर्मों के मध्य मनुष्यों के साथ तुम्हारा सम्पर्क था, मानवप्रेम तो तुम्हारा कम नहीं था! क्या अब भी है?

—है क्यों नहीं? मैं वृक्षों के बीच उसका संकेत पाता हूँ। वह भी कम पाना नहीं।

तुमने अतिथिसेवा और कामकाज में हमारी कितनी सहायता की है।

—सेवा? सेवा आज भी करता हूँ। वही तो काम है।

अब सेवाकार्य में वैसा व्यक्ति नहीं पाता।

—रथी (रथीन्द्रनाथ ठाकुर) मुझे याद करता है?

मैं कह नहीं सकता। रथी के साथ वैसी चर्चा नहीं हुई। क्या उससे कुछ कहना है?

—उसे क्या बगीचे से प्रेम नहीं?

हाँ, रथी यहाँ पर अपना बगीचा लगा रहे हैं।

—अच्छा होगा, सुन्दर होगा।

तुम उस बगीचे को देख पाते हो?

—पाता हूँ।

रथी का बनाया जो यह घर (उदयन) है, इसे देख पाते हो?

—प्रतीक्षा करें। देखूँ, हाँ।

अच्छा लगता है?

—हाँ, खूब।

मेरे कंकड़-बिछे बगीचे पर तुम्हारी दृष्टि गई है? मैंने स्वयं कंकड़ बिछा-बिछाकर धीरे-धीरे तैयार किया है।

—अच्छी सूझ दिखाई है।

खूब सजीव हो गया है। उसके नीचे Moisture बहुत दिन तक रहेगी। वृक्ष को प्राण मिलेगा।

—अच्छा होगा। आपका मन हर दिशा में रहता है। इसी से तो आप सबसे महान् हुए हैं।

मुझे बगीचे से बहुत प्रेम है। और कुछ नहीं रहने पर मैं उसी को ले बैठता हूँ। मैंने इन्हीं दिनों शालवृक्ष, आम्रवृक्ष पर कविता ('वनवाणी') लिखी है, पढ़ी है?

—सब जानता हूँ।

तुम्हें वे अच्छी लगीं?

—निश्चित रूप से।

वृक्षवन्दना आदि? वृक्षों को मैं बहुत प्यार करता हूँ।

—सो मैं जानता हूँ।

...[इस बार के प्रश्न का उद्धार कर पाना सम्भव नहीं।]

—मैंने कितनी दूर तक सहानुभूति पाई। —अच्छा, चलता हूँ?

संध्या का अन्धकार। हेमन्ती दिन, कुहेलिका में विलीन। 29 नवम्बर, संध्या छः बजे। शान्तिनिकेतन। कई लोग आत्मा की टोह में अभी भी बैठे हैं, उदयन के एक कक्ष में। एक अनाम आत्मा पुनः। उपस्थित। रवीन्द्रनाथ कितना भी क्यों न कहें—कौन हो तुम, उत्तर नहीं मिलता। सिर्फ समझ में आता है, पृथ्वी के प्रति उनका आकर्षण कम नहीं हुआ है। और यह कथोपकथन काव्यसुषमा से मंडित।

कौन? क्या नाम?

—संध्या का अन्धकार सघन हो आया है। याद आया पृथ्वी का यह कोना। आपकी आँखों से देखने आई।

तुम कौन हो, बता सकती हो? कौन हो तुम?

—नाम बताने की इच्छा नहीं मुझे। प्रश्न करने पर उत्तर दूँगी।

तुम संध्या के अन्धकार में तारों से आलोकित प्रकाश देखना चाहती हो, उसे क्या मेरे भीतर से देखना सम्भव है?

—आप दोनों के बीच सहज ही देख पाती हूँ। उसके अलावा देख नहीं पाती, सो नहीं; छाया देखती हूँ, छवि नहीं देखती।

तुम लोग जिस आकाश में रहती हो, उस आकाश में क्या ग्रहतारा नहीं देखतीं?

—यह आकाश हमारा नीड़ है। पंछी दिन-भर आकाश में उड़ता है, संध्याबेला में अपने नीड़ का आश्रय लेता है, वैसे ही हम स्वर्ग का आश्रय लेते हैं।

वहाँ सूर्योदय और सूर्यास्त नहीं?

—दिन-रात नहीं।

सूर्यलोक है?

—आलोक है।

तुम लोग सौरजगत् में ही तो हो?

—हाँ, वही होगा।

सौरजगत् के बाहर जो सारे नक्षत्रलोक हैं, वहाँ क्या तुम लोगों की गतिविधि सम्भव है?

—चेष्टा करती नहीं। बहुत दिनों तक काफी घूम आने पर विश्राम पाने की आशा से आई हूँ।

सौरजगत् के अन्य ग्रहों—बुध, शुक्र आदि के साथ परिचय है?

—जैसा आप लोगों का है, वैसा ही बहुत कुछ हमारा भी है। लगता है, वैज्ञानिकों के दल में इसकी चर्चा होती रहती है।

क्या तुम लोग दूर से अन्दाज लगा सकती हो कि मंगल ग्रह पर प्राणी है या नहीं—इसके सम्बन्ध में यहाँ जो चर्चा होती है?

—पृथ्वी ने हमारी आँखों पर एक पर्दा डाल रखा है। जिस दिन पृथ्वी की वह बाधा दूर होगी, उस दिन दूर-दूर के नंक्षत्रों को देख पाऊँगी।

जिस आकाश में तुम लोगों ने नीड़ बनाया, वह क्या पृथ्वी का वायुमंडल है? वहाँ वायु है?

—हवा?

हवा नहीं है?

—हवा अथवा वाष्प कह सकते हैं।

जल?

—है।

उस जल-हवा-वाष्प का तुम लोगों की जीवनयात्रा में प्रयोजन है?

—समझ नहीं पाती, यहाँ के पेड़-पौधे, जल सभी मानो अपने प्रयोजन के लिए हैं। कहें...

मैं जानना चाहता हूँ कि तुम लोग जिस जगत् में हो, वह क्या दृश्यजगत् है? वृक्ष, जल इन्हें देख पाती हो?

—आप लोग वृक्ष को तृप्ति के लिए देखते हैं, हम वृक्ष को स्वजन के रूप में देखते हैं।

मैं भी वृक्ष को स्वजन के रूप में ही देखता हूँ, अपने-जैसा समझता हूँ।

—तब तो आप हमारे दल में हैं।

उन वृक्ष आदि के साथ तुम लोगों का सम्बन्ध क्या सेवा का है?

—अच्छा, आपका कौतूहल तो बहुत कम है! मैं आश्चर्य में पड़ जाती हूँ। आपने मेरे नाम की जिज्ञासा नहीं की, इसके लिए कृतज्ञ हूँ।

नाम की जिज्ञासा मैंने की थी, लगा कि तुम चाहतीं नहीं, इसीलिए बाध्य नहीं किया।

—वह बात ही कहती हूँ। दूसरे लोग छोड़ते नहीं।

हमारे साथ तुम्हारा पार्थिव सम्बन्ध है?

—सम्पर्क है।

पार्थिव सम्बन्ध था?

—बता नहीं सकूँगी। [एकमात्र इसी वाक्य में प्रांजल भाषा]

हमारे कार्य में कोई सहायता कर सकती हो, जो कार्य मैं कर रहा हूँ?

—हम सबमें अपने-आप सहायता करने की शक्ति है सो बात नहीं। कोई यदि हमें आकर्षित करता है तो अवश्य ही उसकी मंगल (कामना) करते हैं।

अच्छा, यह जो बातचीत कर रहे हैं तो क्या मानव-कंठस्वर अच्छा लगता है? क्या पृथ्वी के साथ सम्पर्क है?

—बहुत अच्छा लगता है।

> [आत्मा इस समय वाक्य के चारों ओर गोल निशान लगा देती है, मानो छोटे-छोटे चित्र बनाना चाहती हो, अक्षर भी बड़े-बड़े निकल आते हैं।]

इस परिचित पुरानी भाषा का, किसी भाषा का व्यवहार क्या वहाँ होता है?

—भाव है, संकेत है, आत्मा की एक विशेष भाषा है, उसे समझाया नहीं जा सकता।

इस प्रकार की बातें करके मैं अपराध तो नहीं कर रहा हूँ? मेरे लिए तुम क्या गुरुजन के तुल्य हो?

—नहीं, नहीं, नहीं। खूब सुखी हुई हूँ। तो अब चलती हूँ। फिर आऊँगी। विदा, विदा।

एक रहस्यमय परिवेश की सृष्टि कर यह अनाम आत्मा चली गई, वचन

दिया पुनः आने का किन्तु कोई समझ नहीं पाए कि कौन थीं वे! नहीं, यह कादम्बरी देवी नहीं थीं।

वही एक संध्या। अन्धकार और भी सघन। द्वितीय आह्वान पर एक और अपरिचिता आई।

कौन? क्या नाम?

—चंडीबाला।

क्या मैं तुम्हें पहचानता हूँ? तुम मुझे पहचानती हो?

—एक व्यक्ति को यहाँ पहचानती हूँ, किन्तु वे यदि नहीं चाहें तो जाती हूँ।

जो उपस्थित हैं, उनके बीच?

—हाँ, बहुत-बहुत समय पहले गाँव में जान-पहचान हुई थी।

वह क्या हमारे नन्दलाल (नन्दलाल बसु) हैं?

—कहूँगी नहीं।

कहने में दोष क्या?

—जाती हूँ।

चंडीबाला चली गई। बिना बुलाए ही आई थी। इसी तरह अनेक आते हैं। किन्तु उस संध्या के तीसरे आह्वान पर जो आए वे परलोक से अनेक बार आए-गए हैं। वह मणिलाल गंगोपाध्याय हैं।

कौन?

—मणिलाल।

अच्छा हुआ, एक परीक्षा करना चाहता हूँ। नन्दलाल के द्वारा चित्र अंकित करवाऊँगा।

—नन्दबाबू क्या माध्यम हैं?

परीक्षा हुई नहीं। कहूँ उन्हें चित्र आँकने के लिए?

—चेष्टा करें। किन्तु चित्र बनाएगा कौन? मैं तो नहीं?

तुम जो चित्र बनाओगे, जानता हूँ। बूला यदि नन्दलाल को छूती रहे तो तुम उसके (द्वारा) चित्र अंकित कर सकते हो?

—कह नहीं सकता। यहाँ नन्दबाबू में खूब शक्ति होनी चाहिए।

चित्रांकन की शक्ति तो नन्दबाबू की खूब है।

—चेष्टा करें। नहीं, वह शक्ति नहीं है, मीडियम की शक्ति।

अच्छा, एक बार देखें, दोनों मिलकर पकड़ें।

एक चित्र का अंकन हुआ। मुग्ध-विस्मित सभी उपस्थित लोगों ने निहार-निहारकर देखा, मोटे तौर पर एक चित्र उतर आया है। रवीन्द्रनाथ तब कहते हैं—

मणिलाल, चित्र तो लगता है तुम्हारा ही आँका हुआ है, नन्दलाल की तरह का नहीं।

—वह सब होगा-वोगा नहीं।

यह क्या! हुआ क्या तुम्हें?

—पृथ्वी पर क्या ऐसे कोई नहीं हैं जो चित्र आँक सकें?

तुम्हारे द्वारा नहीं होगा?

—सो हो सकता है, किन्तु मीडियम कौन?

यह मीडियम कविता लिख सकती है, चित्र नहीं आँक सकती!

—कहते क्या हैं, लज्जा की बात!

मणिलाल, तुमने अच्छी कविता लिखी है, छिपा क्यों रखी थी?

—छि:, छि:, छि:।

इस पृथ्वी पर की शीत-संध्या तुम्हें अच्छी लगती है?

—आजकल आप पर खूब ताबड़तोड़ अत्याचार किया है। अच्छा लगने से ही आता हूँ।

अत्याचार मैंने तुम्हारे ऊपर किया। बुलाने से तुम्हें असुविधा होती है?

—नहीं। क्या बूला नाराज होती हैं?

बूला नाराज नहीं होती, थक जाती है। तुम लोग इस पृथ्वी को अनुभव नहीं करते?

—आप लोगों के भीतर से करते हैं।

मैं इस पृथ्वी को इतना प्यार करता हूँ। मृत्यु के बाद क्या इस पृथ्वी के सौन्दर्य को नहीं पाऊँगा?

—पाएँगे। जो पाएँगे उसे भी बदलना नहीं चाहेंगे।

और भी अच्छा कुछ पाऊँगा? वह कहने पर भी मैं इसको छोड़ना नहीं चाहता।

—आपका लोभ तो कुछ कम नहीं।

मुझे लोभ बहुत है। आज दोपहर की उजली धूप में जब पत्ते हवा में काँप रहे थे, मैंने देखा था, सोचा था कि ऐसा और कहीं पाया जाता है।

—नहीं, कुछ उत्तर देने की शक्ति नहीं। इस तरह बात कहने पर क्या जवाब दे सकता हूँ? हमारी आत्मा में जैसे प्रलय मच जाता है।

अच्छा, एक प्रश्न और। यहाँ स्त्री-पुरुष का जो आनन्दकारी सम्बन्ध है, मिलन की जो आकांक्षा है, उस तरह का अनुभव क्या तुम लोग वहाँ करते हो?

—वह बात तो कल कही है। यहाँ आकांक्षा है, किन्तु भोग की

वासना नहीं। सुगम्भीर त्याग के भीतर उसका आनन्द है। आप कितना समझ पाएँगे? उस आनन्द का वेग कुछ कम नहीं।

तुम कहते हो, स्त्री-पुरुष का सम्बन्ध है। क्या यह स्थायी है या भेद मिट जाता है? आत्मा के मध्य यह सम्बन्ध क्या चिरकाल तक रहता है?

—जितने दिन स्त्री-पुरुष रहेंगे!

पृथ्वी पर स्त्री-पुरुष का जो भेद गर्भावस्था में हो जाता है वह तो आकस्मिक है। वह क्या चिरकाल तक रहेगा?

—वे किस कोटि में आएँगे, न पुरुष न स्त्री? अथवा सब पुरुष, सब स्त्री?

स्त्री और पुरुष एक साथ सम्मिलित हैं—दो शक्तियाँ एक ही अन्तर में सम्मिलित।

—दोनों शक्तियाँ तो एक नहीं।

किन्तु दोनों के मिलन से क्या पूर्णता नहीं आती? जैसे अर्धनारीश्वर?

—कह नहीं सकता। सोचता मैं भी हूँ। शायद बाद में जानूँगा।

मुझे अपनी मनोवैज्ञानिकता पर विश्वास है, मेरे भीतर नारी और पुरुष की दो शक्तियाँ हैं। इसीलिए मैं नारियों को अधिकांशतः स्पष्ट समझता हूँ। अतएव मुझमें नारी भी है।

—ठीक। वह तो सच है। ऐसा नहीं कि यहाँ स्त्री-पुरुष के भीतर तीव्र भेद है। यहाँ अलग घर निर्दिष्ट हैं। सबके भीतर सभी एकरूप हैं।

आजकल पृथ्वी पर सर्वत्र स्त्री-पुरुष के बीच का सामाजिक सम्बन्ध शिथिल हो चला है। उसके बारे में तुम्हारा क्या अभिमत है?

—फिर कहें।

यूरोप में जैसा है, उसका परिणाम क्या होगा, क्या विवाह का लोप हो जाएगा?

—पृथ्वी पर रहते हुए मैंने इस विषय पर बहुत सोचा है। यह पूर्णतः

लौकिक वस्तु है। निश्चित धारणा बनाना हमारे लिए कठिन है। किन्तु पारस्परिक सम्बन्ध जितने सहज रहेंगे, उतने ही पुरुष और नारी एक-दूसरे को तथा अपने-आपको जान सकेंगे, जैसे वायु पुष्पों को प्रस्फुटित करती है।

अच्छा, मैं प्रश्न करता हूँ तभी क्या उत्तर तुम्हारा देना सहज होता है? तुम स्वयं कुछ बोल नहीं सकते? मेरे प्रश्न का इन्तजार करना होता है?

—मैं शायद चेष्टा करने पर कुछ बोल पाऊँ। किन्तु अनेक ऐसे मीडियम हैं जो ठीक प्रश्नों के उत्तर के अलावा अपनी ओर से कुछ कहने की शक्ति नहीं रखते।

क्या सोचते हो कि अनुवाद मैं अच्छा कर सकता हूँ?

—अनुवाद के बारे में मैं कुछ भी नहीं कह पाता। कारण यह कि उन सबसे आपको श्रेष्ठ समझता हूँ तथा ऐसा कुछ सृजन कीजिए न—हमारे प्राचीन काल के किसी अच्छे कवि से—यही जैसे 'मेघदूत', 'गीतगोविन्द'।

मैं तो अपनी रचनाओं के द्वारा सृजन का प्रयास करता हूँ।

—सृजन करेंगे।

अच्छा, शमी ने मुझसे कहा कि वह 'शमी की पृथ्वी' की रचना करता है। 'शमी की पृथ्वी' कहने से क्या विदित होता है? बता सकते हो कि वस्तुतः वह क्या करता है?

—मैं इस प्रश्न का उत्तर दूँगा, इस तरह कि कोई संशय न रहेगा।

वह बहुत वेग से लिखता है। पेंसिल कागज को छोड़ अधर में नृत्य करने लगती है। बहुत मधुर लगता है वह।

—आपसे होगा। चलता हूँ।

मणिलाल के जाते ही शमी आए। घूम-फिरकर वही शमी, जो परलोक में भी अपने 'बाबा' को लेकर मगन रहते हैं। और वही शमी, जिसको

पाने के लिए रवीन्द्रनाथ आकुल रहते हैं, जिसकी आत्मा के आने पर रवीन्द्रनाथ सबसे अधिक प्रसन्न होते हैं।

आहिस्ते-आहिस्ते लिख न बेटे। तू बड़ा जल्दबाज है।

—तुमने मणिदा से क्यों पूछा? लगता है मुझसे तुम पूछोगे नहीं?

तू जवाब नहीं देता इसलिए।

—कहूँगा, पहले तुम्हारी सृष्टि हो।

पहले मेरी होगी? मैं क्या तेरी पृथ्वी के बारे में सोच पाता हूँ? बता न, किस प्रकार तेरी पृथ्वी को जानूँगा?

—अच्छा, शान्त रहो। नाराज हो?

मैं नाराज नहीं होता। तेरे पास आने से मैं बहुत खुश होता हूँ।

—आना मजेदार लगता है। इसीलिए सीधे आ दौड़ता हूँ।

अच्छा, भले लड़के, धीरज धरकर एक चित्र बना न! नन्दबाबू (नन्दलाल बसु) यहाँ हैं।

—नहीं, सो होगा नहीं। मुझे बहुत काम जो है!

तेरे काम का तो अन्त नहीं। क्या काम है तुझे?

—तुम्हीं ने तो बुलाया?

तू वहाँ काम कर रहा था?

—और मणिदा से क्यों पूछा? जाओ...

अच्छा, अब नहीं पूछूँगा। तुझे क्या विश्राम नहीं? तुझे नींद नहीं आती?

—क्या ही मजा है विश्राम में।

खूब मजा? विश्राम क्या करता नहीं?

—करता हूँ, थक जाने पर।

नियम से विश्राम करता है?

—हमारा तो दीपक बुझता नहीं!

जैसे रात में काम के बाद हमारा बुझता है, वैसा ही क्या तेरा है?

—वह बुझता है। कितने ही बैठे-बैठे ऊँघते हैं, अच्छा नहीं लगता।

मन का दीपक तो बुझता है, क्या शक्ति का दीपक भी बुझता है?

—हम दोनों जने सोएँगे, इसीलिए जगा हुआ हूँ।

कौन दो जने सोएँगे? बेला और तू?

—कितने दिन जगा रहूँगा?

क्या तू मेरे साथ सोएगा?

—जाता हूँ।

कितने दिन में मुझे नींद आएगी? तुझसे कब भेंट होगी?

—मीडियम पर जरा दया करो।

मेरे हाथ से कह पाएगा? मेरा हाथ तो खूब शीतल है।

—बुलाते हो, (तब) अभी आ नहीं सकूँगा।

आठ

और एक मजलिस। तारीख नहीं, तो भी नवम्बर या दिसम्बर का एक दिन। 1929 ई.। स्थान? सम्भवतः कलकत्ता—जोड़ासाँको का ठाकुरबाड़ी। अन्यथा एक प्रश्न में 'बोलपुर में तुम आई थीं' क्यों कहते? जो आत्मा आई उसके उत्तर में केवल टालमटोल।

कौन?

—जानती नहीं, कहूँगी नहीं।

लगता है, तुम्हें पहचानता हूँ।

—हाँ।

बोलपुर में तुम आई थीं?

—नहीं।

शमी तो नहीं?

—नहीं।

सन्तोष?

—किसी दिन नाम नहीं बताया। और एक दिन आई थी, उस दिन भी नहीं बताया।

तुम कौन हो, कहोगी नहीं?
—किसी को बुलाऊँ?

कुछ क्षण विरति। मीडियम का हाथ फिर हिलता है। रवीन्द्रनाथ ठीक समझ नहीं पाते, कौन?

—तुमने क्या कविता लिखी थी?
तुम्हारे साथ कौन हैं?
—सरोजिनी।
सरोजिनी? मैं उसे पहचानता हूँ?
—क्या पता। यहाँ आई हैं।
अच्छा, उसे बुलाओ।

फिर विरति। मन में हुआ कि नई आत्मा आई है। रवीन्द्रनाथ ठीक निश्चित नहीं कर पाते कि कौन है, बाद में समझ गए कि वह उनका 'नटखट लड़का' शमी है।

कौन हो तुम? सरोजिनी?
—बुलाया नहीं, शमी को क्यों नहीं सोचा?
शमी? समझ गया। मैं सोचता था, ध्यान नहीं करने पर भी तू आता है।
—इच्छा करके आया हूँ। कहो, कुछ कहो।
अच्छा, मैं कहता हूँ। तू जो काम कर रहा था, वह आगे बढ़ा है?
—खूब। मेरे काम में मानो बरसाती हवा का वेग है।

यदि मेरे काम में बरसाती हवा का वेग होता तो कितना अच्छा होता। 'शमी की पृथ्वी' मैं लिखूँगा, जब फुरसत पाऊँगा।

—क्या कहा? तुम्हारा काम दक्षिण पवन के समान है।

मेरा काम दक्षिण पवन के समान है? तेरा बरसाती हवा के समान है न?

—बाबा, सुनो।

आहिस्ता-आहिस्ता लिख। अभी किसके पास था? अकेला? सिर्फ अकेला रहता है?

—अकेला नहीं रहता। सोचा, तुम बुलाओगे, इसलिए बैठा था।

तू हर समय काम में ही लगा रहता है, झंझा की तरह के वेग से?

—खूब मजा।

तेरे यहाँ तो दिन-रात नहीं, क्या विश्राम नहीं?

विश्राम करता हूँ, थक जाने पर।

थक कैसे जाता है? तुझे शरीर तो नहीं?

—तो समझूँ कि मेरा मन नहीं?

अच्छा, तेरा रूप है?

—यदि मैं जीवित रहता, खूब अच्छा मनवाला लड़का कहते।

निश्चय ही, तू जब जीवित था, मेरी तरह था! मेरी तरह अकेला बैठा सोचता रहता। जब जन्मा था तब क्या पता था कि तू स्वप्नकुमार है!

—क्यों नहीं स्वप्नकुमार नाम रखा? मेरे काम में छन्द है।

तेरे काम में छन्द है, मैं समझता नहीं?

—पेंसिल तो काटी जा सकती है, मेरा मजा मापा नहीं जा सकता।

मैंने कहा था, तेरे साथ बातचीत करने की इच्छा होती है। उसी शिलाइदह की झील में...

—कैसे बताऊँ कि आने में बाधा होती है। गुस्सा आता है। इच्छा उड़ने की रहती है, किन्तु कहाँ पाऊँ पंख?

मैंने बहुत सोचा था। मैं जानता था, तू अवश्य आएगा।

—जानता हूँ। खूब।

अच्छा, क्या तू और समय भी आता है, जब मीडियम नहीं रहती? यहाँ की अपनी बहूदीदी (प्रतिमा देवी) को तू जानता है? कैसी लगती हैं? वह विश्वास नहीं करतीं, तू आया था?

—झूठी बात। मन-ही-मन विश्वास करती हैं।

मैं कह दूँगा उनको।

—अगर नाराज हो जाएँ?

तू यदि जीवित रहता तो कितना तुम्हारा खयाल रखतीं। खूब हेलमेल रहता।

—जानता हूँ। और तुम्हारे साथ रोज़-रोज़ हमारा पढ़ना-खेलना मजेदार होता।

खूब अच्छा होता। अपने कितने ही काम में तुझे लगा पाता!

—मैं केवल तुम्हारे ही पास पढ़ता। तुम सब जानते हो।

वह तो मैं जानता हूँ। तुझे कितनी कविताएँ कंठस्थ कराईं। तू सब भूल गया।

—रुष्ट हो गए? सुर याद है, छन्द याद है, भाव याद है, भाषा याद है, केवल मुखस्थ नहीं है।

तू सब किस प्रकार सोचता है, कुछ सोच नहीं पाता। अच्छा, हमारी तरह तू सब वहाँ हँसता है?

—तुम लोगों की हँसी अच्छी लगती है। हमारी जो एक नई पृथ्वी होगी, उसमें रहेगा हँसी का आनन्द, खुशी का मजा।

तेरी पृथ्वी तैयार हुई? उस पर जाकर मैं रह सकूँगा?

—तुम रहोगे नहीं?

तेरी पृथ्वी यदि पूरी नहीं हुई तो मैं तैयार करूँगा।

—माँ नहीं आएगी, कह देने के लिए कहा है। लेकिन एक और व्यक्ति आएँगे।

और एक व्यक्ति कौन, बोल तो?

—बोलने की मनाही है। नाम बताने से मना किया है।—जाऊँगा।

तेरी पृथ्वी पर जो आना न चाहे, उसे बुला दे।

—बुलाऊँगा नहीं। मेरी बात पीछे जरा सोचना।—चलूँ।

तुम्हारी बात मैं रोज़ सोचता हूँ।

—मजा आता है। चलूँ।

शमी की विदाई। उन्तीस नवम्बर की रात। सत्येन्द्रनाथ ठाकुर आए—रवीन्द्रनाथ के मँझले दादा।

वही मँझले दादा, जो 'स्नेही भाई रवि' को किशोरावस्था में ही अपने कार्यस्थल अहमदाबाद ले जाते हैं, सत्रह वर्ष की आयु में विलायत—लन्दन, ब्राइटन ले जाते हैं। मँझली बहूरानी ज्ञानदानन्दिनी देवी वहाँ थीं, लाड़ला भतीजा सुरेन और भतीजी बिबि—सुरेन्द्रनाथ ठाकुर और इन्दिरा देवी चौधरानी।

कलकत्ते में सत्येन्द्रनाथ के बिरजितला, पार्क स्ट्रीट या स्टोर रोडवाले घरों में रवीन्द्रनाथ के बहुत से आनन्दमय दिन बीतते हैं। गाने-बजाने का रियाज, नाटक का रिहर्सल। रथीन्द्रनाथ ने 'पितृस्मृति' में लिखा है—

> उन दिनों बाबा के पास मटमैले रंग का एक बूढ़ा घोड़ा और पालकी-गाड़ी थी। संध्या होते ही हमें लेकर रवाना होते वे मँझले दादा के घर को। जोड़ासाँको से बालिगंज ठुक-ठुक करके जाने में बूढ़ा घोड़ा बहुत समय लेता।

सत्येन्द्रनाथ रवीन्द्रनाथ से सत्रह वर्ष बड़े थे। दोनों में श्रद्धा-प्रेम का गहरा सम्बन्ध था। वृद्धावस्था में सत्येन्द्रनाथ शान्तिनिकेतन भी आते-जाते थे। 1923 ई. में, 81 वर्ष की आयु में उनकी मृत्यु हुई।

सत्येन्द्रनाथ की आत्मा से हुए वार्तालाप का जो विवरण रवीन्द्र-सदन के संग्रहालय में मिला है, उसमें सिर्फ सत्येन्द्रनाथ के उत्तर ही लिपिबद्ध हैं, रवीन्द्रनाथ की बातें नहीं हैं। सम्भवतः लिपिबद्ध नहीं हुईं या गुम हो गई हैं। सुसम्बद्धता बनाए रखने के लिए उनके सम्भाव्य कथन कोष्ठकों के अन्तर्गत दिये हैं। कहने की बात नहीं कि यह संयोजन बिलकुल ही अनुमान पर आधारित है।

कौन?

—मँझले दादा।

(मँझले दादा? अच्छे हैं?)

—अच्छा हूँ। तुम सुख से तो हो?

(हमारी बातें याद आती हैं?)

—अवश्य, अवश्य। हम सबका स्नेह-प्रेम तुम्हारे लिए रहा है। तुम—सुखी रहो।

(मैं जिस साधना में लगा हूँ, उसे क्या पूर्ण करके जा सकूँगा?)

सकोगे, सकोगे। तुम्हारे कविहृदय का क्या एक Advantage नहीं रहेगा?

(परलोक में भी क्या मेरे प्रति आपकी स्नेहदृष्टि रही है?)

—अवश्य, अवश्य। तुम हम सबके प्रिय कवि हो।

(मैंने एक नाटक लिखा है। वही जिसका रिहर्सल आपके घर में होता था, राजा और रानी, उसी को दूसरा रूप देते हुए शीर्षक दिया है 'तपती'।)

—ठीक, ठीक।

(तपती का आइडिया क्या आपको पसन्द आया?)

—विलक्षण कल्पना, सुन्दर आइडिया।

(सुरेन से कुछ कहेंगे?)

—सुरेन सुखी रहे।

(व्यवसाय और ऋण को लेकर वह बहुत झमेले में है।)

—मन स्थिर रखे, सब विपद टल जाएगा। सुरेन्द्र को तुम समझा देना।

(बिबि को कुछ बताएँगे?)

—बिबि सुखी रहे। तुम अब भी उससे स्नेह करते तो हो?

(करता हूँ।)

—ठीक। बड़ा अच्छा लगा।

(और किसी से कुछ कहना है?)

—जितने आत्मीय और प्रियजन तुम सब हो—बस, तुम्हीं लोगों की बातें मन में रखते हुए आशीर्वाद देता हूँ।

(आपकी बातें मुझे हमेशा याद आती हैं।)

—जानता हूँ, इतने दिन नहीं आ पाया इससे दुखी तो नहीं हुए?

(नहीं आने का कारण क्या था?)

—विशेष कार्य था। तो भी ज्योति (ज्योतिरीन्द्रनाथ) जिस दिन आया था, मेरी आने की इच्छा हुई थी।

(आपके आने से हम आनन्दित होते।)

—सुरेन को मेरा आशीर्वाद। सबको मेरा आशीर्वाद। —चलूँ, चलूँ।

सत्येन्द्रनाथ के अन्तर्धान होने के बाद उस रात की मजलिस खत्म हुई। रवीन्द्र-सदन में रखी उस कॉपी में ही देखा है कि एक पन्ने पर कई उत्तर

लिखे हुए हैं। तारीख नहीं, रवीन्द्रनाथ की प्रश्नावली नहीं, इसका उल्लेख भी नहीं कि कौन आए थे। उत्तर का रंगढंग देखकर लगता है, शमीन्द्रनाथ हैं। इस असम्बद्ध और असमाप्त वार्ता का उत्तरांश इस रूप में है :

—मेरे बाबा हो तुम।

—वह बात जानता हूँ, क्या आज खूब शान्त होकर बात करूँ?

—खूब कर सकोगे। तुम्हारे भाव और मेरे भाव मिल जाएँगे।

शेष उत्तरों को देखने से लगता है कि 'शमी की पृथ्वी' को लेकर चर्चा हुई। मृत्यु के बाद रवीन्द्रनाथ इस पृथ्वी की रचना में सहायता कर सकेंगे कि नहीं, यह पूछने पर शमी ने कहा था, 'खूब कर सकोगे' आदि।

नौ

बाद की मजलिस जोड़ासाँको में जमी। रात्रिबेला। साथ के लोगों में प्रशान्तचन्द्र महलानविस, मोहनलाल गंगोपाध्याय प्रमुख हैं। तारीख 16 दिसम्बर, 1927 ई.। प्रशान्त महलानविस को मजलिस में लाने का कारण उनका अविश्वास है। वैज्ञानिक शिष्य को इस वार्तालाप में उपस्थित रखकर रवीन्द्रनाथ ने सम्भवत: यह दिखाना चाहा कि सारी बातों को अजीबो-गरीब कहकर उड़ा नहीं दिया जा सकता।

इस मजलिस में मीडियम बूला नहीं थी? रवीन्द्रनाथ ने एक बार कहा, "शान्तिनिकेतन जाने पर बूला को मैं बुलाऊँगा, उसके रहने पर तुम्हें सुनने में सुविधा होगी।" अथवा हो सकता है कि बूला को फिर शान्तिनिकेतन ले जाने की बात ही कहना चाहते हों।

जिनकी आत्मा आई, वे न मात्र रवीन्द्रनाथ के प्रिय शिष्यों में प्रमुख थे, बल्कि जीवनकाल में प्रशान्त महलानविस से परिचित थे। इसीलिए प्रशान्तचन्द्र स्वयं भी अनेक प्रश्न करते हैं।

कवि सत्येन्द्रनाथ दत्त आए—जिनकी आत्मा को रवीन्द्रनाथ कई दिन पहले से लाना चाहते थे। सत्येन दत्त रवीन्द्रनाथ के अत्यन्त प्रिय-पात्र थे। वह और अजित चक्रवर्ती तथा सतीश राय तीनों मित्र थे। रवीन्द्रनाथ के मन में इन तीनों ही ने काफी जगह बना ली थी।

सत्येन दत्त अत्यन्त, अल्पायु में ही चल बसे—1922 ई. में। उनकी मृत्यु के पश्चात् जो शोकसभा हुई, उसका संचालन स्वयं रवीन्द्रनाथ ने किया। उस सभा में ही उन्होंने अपनी वह विख्यात कविता पढ़ी—जो 'पूरबी' काव्य में सम्मिलित है। 'सत्येन्द्रनाथ दत्त' शीर्षक कविता के एक अंश में उन्होंने लिखा था—

आजिके एकला बसि शोकेर प्रदोष अन्धकारे :
मृत्यु तरंगिनीधारा मुखरित भाङनेर धारे
तोमारे शुधाइ, आजि किगो घुचिलो चोखेर
सुन्दर कि धरा दिलो अनिन्दित नन्दनलोकेर
आलोके सम्मुखे तव—उदयशैलेर तले आजि
नवसूर्यवन्दनाय कोथाय भरिले तव साजि
नव छन्दे, नूतन आनन्दगाने।...

सत्येन दत्त की आत्मा के आते ही प्रथम दो प्रश्न प्रशान्त महलानविस करते हैं, उसके बाद रवीन्द्रनाथ।

प्रशान्त : क्या आप कविता का अनुसरण करते हैं?

—करता हूँ, उसी में मेरा आनन्द है।

प्रशान्त : आजकल के कवियों में किसकी रचना पसन्द करते हैं?

—हमें पुरानी कविताएँ अधिक अच्छी लगती हैं। नये भाव मुझे स्पर्श नहीं कर पाते।

रवीन्द्रनाथ : प्रशान्त, वैज्ञानिक कौतूहल लेकर तुम्हें प्रश्न करना होगा। और तुम यदि सचमुच सत्येन हो, तो प्रमाण देना होगा। प्रयोजन मुझे नहीं, प्रशान्त को प्रयोजन है।

—(प्रशान्त महलानविस से) मेरी काया नहीं, मैं हूँ। किस प्रकार समझाऊँ? जब मेरी सोचते हो, तभी मैं जाता हूँ। मुझे यदि समझना चाहते हो तो Feel करो। तुम्हारे विज्ञानशास्त्र से यह तत्त्व नहीं निकलेगा।

रवीन्द्रनाथ : तुम यदि एक कविता—दो पक्तियाँ लिख सको तो शायद उसे विश्वास हो सके।

[सत्येन दत्त की आत्मा ने उसी क्षण कविता लिखना शुरू किया, वर्षा के वेग से चार पक्तियाँ उतर आईं।]

आमार आजओ किरे सेइ
आवरण आछे रे,
ए जे कोनो अजाना पथ
शेष नाहि रे।

—कविता रचने की इच्छा नहीं। नई रचना करने की शक्ति नहीं। अब कुछ नया सीखा है। आलोक-पथ पर अग्रसर हो रहा हूँ। वह क्या ही सुन्दर है। इतना सुख कभी नहीं पाया। प्रशान्त, तुम्हें अचरज लगता है? समझो, 'फील' करना सीखो। यह सब बातें तत्त्व द्वारा नहीं समझ पाओगे!

प्रशान्त : नए बांग्ला नाटक कुछ देखे हैं?

—सारे ही तो देख पाता हूँ।

रवीन्द्रनाथ : शमी के बारे में कुछ जानते हो?

—अब भी उसे देख नहीं पाता।

जानते हो किस काम में लगा है वह?

—जिससे हमारी उन्नति हो।

वहाँ की कार्य-धारा क्या है?

—प्रस्फुटन का अवकाश होता है, उसी की चेष्टा करता हूँ। केवल बोल नहीं सकता, अपने मित्रों को बता नहीं सकता।

उनके साथ देखा-देखी होती है।

—देखना? इच्छा किये बिना कतई सम्भव नहीं। मुझे अभी अकेलापन अच्छा लगता है।

तुम्हारा धर्ममत क्या है? कोई परिवर्तन हुआ है?

—एक ईश्वर से भिन्न कोई और देवता नहीं।

उन्हें तुम किस प्रकार जानते हो?

—उपलब्धि करता हूँ।

क्या मृत्यु होने मात्र से यह परिवर्तन हुआ कि जिन्हें पहले उपलब्ध नहीं किया, उन्हें उपलब्ध कर लिया?

—देहान्तर के बाद अशेष यंत्रणा भोगकर मुक्ति पाई है?

यहाँ के बन्धन से विच्छेद की यंत्रणा?

—विच्छेद का कष्ट उसके सामने तुच्छ है।

क्या वह कष्ट अभाववश होता है?

—मन की तरफ विकार था।

इच्छाकृत विकार या अज्ञानता के कारण विकार?

—अज्ञानतावश ही कहना चाहते हो? तब तो यदि मेरी तरह कोई उबर पाता तो इतना कष्ट नहीं भोगना पड़ता। भगवान ने आप लोगों के हाथ में हथियार दिया है, उसका सदुपयोग नहीं होता है। सब तरफ दैन्य है। आज यदि इस जगत् में कोई एक बार खड़ा होकर कह सकें—ईश्वर एक है तथा तीस करोड़ लोग माथा झुका लें तो समझूँ। संसार में ऐसा दिन सचमुच कब आएगा?

जिसकी शक्ति जाग्रत होती है वह सत्य को प्राप्त करता है। सत्य को प्राप्त किये बिना सत्य का प्रचार किस प्रकार करोगे?

—सत्य आलोकित है। हमारी आँखें नहीं, इसलिए देख नहीं पाते। ये जो फूलों के रंग और गन्ध हैं—यह सब आपने ही तो हमारा मार्गदर्शन करते

हुए समझाने की चेष्टा की है। पहले कविताएँ पढ़ीं, अच्छी लगीं, किन्तु वही मन नहीं था। इसीलिए एक दिन वही कविता सुनने की इच्छा होती है।

तुम कविता सुनने की इच्छा करते हो?

—आप जब एकान्त में कविता पढ़ते हैं, तब मैं उपस्थित रहता हूँ। कोई अनिष्ट नहीं करूँगा।

तुम कहते हो, मैं कभी निर्जन में कविता पढ़ूँगा तो तुम रहोगे। किस प्रकार जानूँगा कि तुम हो?

—मेरी बात मन में सोचेंगे।

अच्छा सोचूँगा। किन्तु क्या कोई विशेष कविता सुनना चाहते हो? यदि कह दो तो सुविधा हो।

—पलातका।

'पलातका' की कौन-सी कविता?

—मुक्ति।

प्रशान्त : 'महुया' की कोई कविता देखी है?

—कहाँ से देखूँगा? अन्तर में पुकार नहीं होने पर जा नहीं पाता।

रवीन्द्रनाथ : तुम्हें मन-ही-मन पुकारने पर सुन पाओगे?

...[उत्तर लिपिबद्ध नहीं।]

अच्छा पुकारूँगा, क्या पुस्तक की लिखावट से देख-समझ पाते हो? श्रवणशक्ति है?

—है।

श्रवणेन्द्रिय तो है नहीं, कैसे सुनोगे?

—मन है।

देखने की शक्ति नहीं, सुनने की शक्ति है?

—नहीं, आँखें नहीं।

मैं शान्तिनिकेतन जाने पर बूला को बुलाऊँगा, उसके रहने पर तुम्हें

सुनने में सुविधा होगी। नई कविता सुनाऊँगा कि पुरानी?

—जिसे सुनकर अन्तर में पुकार हो—कब मुझे सुनाएँगे? 10 पौष, रात्रि साढ़े सात बजे।

अच्छा, 10 पौष को ही, रात्रि साढ़े सात बजे, अच्छा। 'तपती' का अभिनय देखा है, उसकी कथा जानते हो?

—'तपती' नाम नया लगा।

'तपती' के अभिनय को अनुभव किया था?

—मेरी बड़ी इच्छा हुई थी। मुझे उस तरह बुलाया तो नहीं। चारा न चला, बार-बार जाकर लौट आया हूँ।

तुम लोग यदि भिन्न-भिन्न माध्यम द्वारा भिन्न-भिन्न संवाद दो तो किस प्रकार उनमें सामंजस्य करोगे?

—हम जिस-तिस के पास नहीं जाते।

हो सकता है किसी और समय तुम लोगों का नाम लेकर कोई और आया हो, इसलिए क्या समझूँ?

—हम हर समय चतुर्दिक घूमते-फिरते हैं। जब हमारी पुकार होती है, तब हम जाते हैं। आज अभी मेरी पुकार हुई थी, इसलिए आया हूँ। जब बुलाएँगे, तब आऊँगा। जानता हूँ, माध्यम जो-सो नहीं होता। जिन्हें साधारण से बहुत अधिक Feel करने की शक्ति है, उनके पास हम जाते हैं।

किसी दूसरे माध्यम के निकट आभा देखने पर क्या विश्वास कर लूँ?

—करेंगे क्यों नहीं, संसार में क्या हृदयवानों का अभाव है!

इसके पहले मेरे पास आए थे, याद है? —किसी माध्यम के भीतर से?

—हाँ, अतीत की बात अवश्य ही हमारे मन में नहीं रहती। हम आगे चलते हैं।

प्रशान्त : मुक्ति की बात केवल भारतीयों से सुन सकेंगे या सभी से?

—सब-के-सब एक-से लगते हैं।

प्रशान्त : पृथ्वी पर सबके विचित्र मनोभाव हैं। अंग्रेज, बंगाली इत्यादि के। मृत्यु के बाद क्या क्षण-भर में सब कुछ बदल जाता है?

—वह नहीं, नाना भाव, नाना चिन्ताएँ नाना पथों से आती हैं। जान नहीं पड़ता कि कौन-सा वास्तविक है। पार्थक्य नहीं।

प्रशान्त : यह भिन्नता —जो पृथ्वी से लेकर जाते हैं, वह क्या वहाँ जाते ही विलुप्त हो जाती है?

—जिन्होंने पृथ्वी पर सत्य को जान लिया है, उन्हें मृत्यु के बाद नया कुछ नहीं जानना होता। जो नास्तिकता का प्रचार करते हैं, उनके लिए एक कठोर व्यवस्था है।

क्या वह दंड है? क्या ईश्वर दंड देते हैं?

—अवश्य ही।

प्रशान्त : वे अपनी भूलों का स्मरण कर कष्ट पाते हैं?

...[उत्तर अस्पष्ट।]

प्रशान्त : 'मंडे क्लब' (इस क्लब के प्रमुख सदस्य थे—सत्येन दत्त, प्रशान्त महलानविस, सुकुमार राय। प्रत्येक सोमवार को बैठक होती थी।) की बातें याद है?

—फिर क्यों उन पुराने दिनों की बातें! पूछा है इसलिए कहता हूँ, है। तुम लोगों ने यहाँ कितने ही नये तर्कों का सन्धान पाया है, उन्हें छोड़कर शिशुओं में कुछ अच्छा सृजन करने का उत्साह क्यों नहीं है? तुम बूढ़े तो नहीं?

रवीन्द्रनाथ : तुम लोग क्या माध्यम के मन का उपयोग करते हुए उसकी भाषा में बोलते हो, या अपनी?

—हम अपनी तरह से अपनी भाषा में बोलते हैं। माध्यम हमारी बात नहीं कहता।

माध्यम की चाहे जैसी मनोदशा हो, उससे कुछ आता-जाता नहीं?

—हम निरक्षर किसान के द्वारा भी आते हैं, यदि उसके भीतर पदार्थ रहे। जो अंग्रेजी नहीं जानते, उनके द्वारा अंग्रेजी बोल सकते हो?

—अंग्रेजी में बोल सकते हैं।

फ्रेंच तो तुम जानते हो, एक पंक्ति लिख सकते हो?

...(उत्तर लिपिबद्ध नहीं)

भाषा का पार्थक्य है?

...(उत्तर लिपिबद्ध नहीं)

मणिलाल को बुला दे सकते हो?...

(उत्तर लिपिबद्ध नहीं)

क्षण-भर बाद ही मणिलाल गंगोपाध्याय आए। वह पहले भी कई बार आए हैं। इस बार की विशिष्टता थी कि मणिलाल गंगोपाध्याय की आत्मा ने अनेक उत्तर अंग्रेजी में लिखे। नहीं जानता क्यों? इसके अतिरिक्त कथोपकथन भी असम्बद्ध है।

कौन?

—I am Manilall.

परलोक के सम्बन्ध में जो थियोरी उस दिन बोले थे, याद है?

—परलोक में ही तो रहता हूँ।

About the other world? 1 remember it quite well. No seperate world beyond this region which you say. The other world is a chamber of the vast universe.

उस दिन जिस थियोरी के आविष्कार की बात कही थी, वह याद है?

...(उत्तर लिपिबद्ध नहीं)

...(प्रश्न लिपिबद्ध नहीं)

—इस जगत् में स्थूल देहधारी निवास करते हैं, किन्तु यहाँ वह सब नहीं, चित है।

किस जगत् में? Can you repeat it?

—I do not say anything.

Do you mean that there is no other world beyound this?

...(उत्तर लिपिबद्ध नहीं)

What is it? I do not quite follow you.

...(उत्तर लिपिबद्ध नहीं)

तो फिर सूक्ष्म देह है?

—हाँ।

और क्या है?

—आत्मा कहते हुए क्या सोचते हैं?

प्रशान्त : आप लोगों के मन में इनकी चेतना है?

...(उत्तर लिपिबद्ध नहीं)

तो फिर काया कैसे होती है?

...(उत्तर लिपिबद्ध नहीं)

तुमसे पूछता हूँ, सूक्ष्म देह कहने से क्या समझते हो?

...(उत्तर लिपिबद्ध नहीं)

प्रशान्त : महुया की कोई कविता जानते हैं?

यह बातचीत असम्पूर्ण है। जो कुछ लिपिबद्ध है, उससे अन्तत: यही लगता है। लेकिन हो सकता है कि लिपिकार तेजी से सारी बातें न लिख पाए

हों, इसी से प्रश्नोत्तर के स्थान रिक्त रह गए हैं। इसके अतिरिक्त उसी मजलिस में जो सबसे अन्त में आए, वह भी अपरिचित।

क्या नाम है आपका?

—मेरा नाम जानने की आवश्यकता नहीं।

जरा आभास दे सकते हैं?

—इस बार मैं जाता हूँ।

तो फिर प्रश्न कर सकता हूँ? बंगाली?

—जिस पथ से सब आते हैं। सिर्फ मैं ही क्यों? मुझे पहचान न सकेंगे। नाम जानने से क्या होगा?

मुझे तुम पहचानते हो? पृथ्वी पर मुझे देखा है?

—आपको देखा है। और कोई बात कहना नहीं चाहता।

अपरिचित आत्मा का प्रस्थान और इसके साथ-साथ रवीन्द्रनाथ की परलोकचर्चा का भी अवसान होता है। इसके बाद हो सकता है वे माध्यम या प्लांचेट के जरिये और आत्माओं को ले आए हों, किन्तु कोई उल्लेख नहीं मिलता। इसी तरह यह भी उल्लेख नहीं पाता कि आखिरी मजलिस के बाद शान्तिनिकेतन लौटने पर दशवीं पौष (25 दिसम्बर) की रात में साढ़े सात बजे रवीन्द्रनाथ ने सत्येन दत्त को कोई कविता सुनाई थी या नहीं?

अर्थात् 1929 ई. में ही रवीन्द्रनाथ की इस माध्यम-कथा का अन्त होता है। उसके बाद पौष-उत्सव आया। उत्सव समाप्त होने पर भाषण देने के लिए बड़ौदा-यात्रा तथा 1930 ई. के मार्च महीने में स्वरचित चित्रों को लेकर सदल-बल यूरोप के लिए प्रस्थान। आत्माओं को लाकर उनसे बात करने की रवीन्द्रनाथ पर मानो धुन सवार थी। विलायत की बहुत सारी व्यस्तताओं के बीच यह धुन जाती रही।

दस

और मीडियम (माध्यम) उमा? रवीन्द्र-जीवन के रहस्यमय भाग की यह रहस्यमयी रमणी, जिसके हाथ हिलाते ही पारलौकिक जगत् के निवासी चुम्बक की भाँति खिंचे चले आते हैं, जिसने समाधिस्थ की तरह दिन-पर-दिन काटे, उसी कृशकाया सुन्दरी उमा देवी के जीवन में सहसा अघटित घटा, परलोक से पुकार आई। इस युग के सबसे बड़े कवि का पारलौकिक सम्पर्क-सेतु बननेवाली इस कनिष्ठा कवयित्री उमा ने स्वयं ही परलोकगत आत्माओं की मजलिस में योगदान किया था। 1931 ई. की 22 फरवरी को मात्र सत्ताईस वर्ष की आयु में उमा देवी ने इस पृथ्वी से विदा ली।

उसके साथ ही जिज्ञासुओं के समक्ष यह अकाल मृत्यु अनेक प्रश्न छोड़ गई। प्रार्थित आत्माओं का आश्रय-आधार बननेवाली यह असाधारण नारी अन्दर-ही-अन्दर परलोक का अस्तित्व अनुभव करने लगी थी, तो क्या मृतकगण उसकी टोह में थे? अथवा माध्यम होने का कायिक क्लेश ही उन्हें तेजी से मृत्यु की ओर ले गया? अनेक लोग यही कहते हैं, इस मृत्यु के पीछे भी रहस्यमयता है। कौन जाने!

रवीन्द्रनाथ की मृत्यु 1941 ई. में हुई, इस पारलौकिक संयोग के

एक युग बाद। कौतूहल के वशीभूत हो जो दिन-प्रतिदिन परलोक के साथ सम्पर्क स्थापित करते रहे, वह परिपूर्ण आयु में उसी परलोक को चले गए। अनुमान किया जा सकता है कि अपने असंख्य प्रियजनों के बीच वे इस मधुमयी पृथ्वी की धूलि-व्यथा को कुछ भुला पाए होंगे। मणिलाल गांगुलि की आत्मा से उन्होंने कहा था, "इस पृथ्वी को मैं इतना प्यार करता हूँ, मृत्यु के बाद क्या इस पृथ्वी का स्नेह-सौहार्द्र नहीं पाऊँगा?" कौन जानता है कि शायद अब और भी असीम, और भी गम्भीर सौहार्द्र के सिन्धु में वे निमग्न हों!

अथवा हो सकता है कि 'आलोकमत्त स्वर्गसभा के महाप्रांगण में' बैठे होने पर भी उन्हें बार-बार 'दूब-दूब पर रंग-बिरंगे फूलों के आलिम्पन' की सुधि आती हो। उनके आसपास नई बहूरानी, छोटी बहूरानी, बेला, शमी, बलु, ज्योतिदादा, लोकेन, सुकुमार, सत्येन, अजित, सतीश, मणिलाल आदि होंगे। माध्यम और प्लांचेट के बगैर ही अब उन्हें पा सकते हैं, सुन सकते हैं। उनके अलावा इस बीच रवीन्द्रनाथ के और भी अनेक प्रियजन वहाँ आ गए हैं—रथी, बहू-माँ, मीरा, अवन, बिबि, सुरेन।

और शमी? इतने दिन वह 'बाबा' को लेकर मगन थे, अब वही बाबा—जिनके साथ स्वभाव का सबसे अधिक मेल है—आकर उनके कार्य में हाथ बँटाने लगे होंगे। पिता-पुत्र के भावों से शायद 'शमी की पृथ्वी' की रचना भी कब के पूरी हो गई हो। अथवा क्या महाविश्व के महाकाश में नये भुवन की रचना का वह कार्य अनन्त काल तक चलेगा? कौन जाने?

पात्र-परिचय

मृणालिनी देवी

जन्म 1873। मृत्यु 1902। रवीन्द्रनाथ की सहधर्मिणी, जशोर के वेणीमाधव रायचौधरी की कन्या। तीन पुत्रियाँ और दो पुत्र—माधुरीलता, रेणुका, मीरा, रथीन्द्रनाथ और शमीन्द्रनाथ। 1882 ई. में विवाह। 'स्मरण' काव्यग्रंथ की रचना रवीन्द्रनाथ ने उनकी मृत्यु के बाद की। मृणालिनी देवी जोड़ासाँको में गृहस्वामिनी थीं, शान्तिनिकेतन में आश्रमजननी। उनकी आत्मा का आगमन 5 नवम्बर को होता है।

माधुरीलता

जन्म 1886। मृत्यु 1918। रवीन्द्रनाथ की ज्येष्ठा कन्या। कवि बिहारीलाल चक्रवर्ती के पुत्र शरच्चन्द्र चक्रवर्ती के साथ विवाह। असाधारण सुन्दरी एवं ठाकुरबाड़ी में सबकी प्रियपात्र रहीं। रचना-कौशल भी उत्तम था। पुकार का नाम 'बेला'। निस्सन्तान थीं। 28 नवम्बर को उनकी आत्मा आती है।

शमीन्द्रनाथ

जन्म 1896। मृत्यु 1907। रवीन्द्रनाथ के कनिष्ठ पुत्र, पिता की अत्यन्त प्रिय सन्तान। शान्तिनिकेतन के विद्यालय में शिक्षा। छुट्टियों में मित्र के साथ मुंगेर घूमने गए थे, वहीं हैजे से मृत्यु हो गई। प्रकृति और आकृति में पिता के निकटतम। रवीन्द्रनाथ के आह्वान पर माध्यम के द्वारा वे अनेक बार आते हैं। 1929 ई. में 6 नवम्बर को प्रथम बार आते हैं। उसके बाद 28 और 29 नवम्बर को और भी छह बार आते हैं। उनकी आत्मा के आगमन की संख्या ही सर्वाधिक।

कादम्बरी देवी

जन्म 1859। मृत्यु 1884। पति ज्योतिरीन्द्रनाथ ठाकुर, रवीन्द्रनाथ की 'नई बहूरानी'। रवीन्द्र-साहित्य के बहुतेरे गीतों, बहुतेरी कविताओं में यही हैं। रवीन्द्रनाथ की बहुत सी पुस्तकें इन्हीं को समर्पित हैं। रवीन्द्रनाथ के विवाह के दो वर्ष बाद इन्होंने आत्महत्या कर ली। निस्सन्तान थीं। रवीन्द्रनाथ के आह्वान पर कादम्बरी देवी की आत्मा 4, 28 और 29 नवम्बर को आती है।

ज्योतिरीन्द्रनाथ

जन्म 1849। मृत्यु 1925। रवीन्द्रनाथ के 'नये दादा', देवेन्द्रनाथ के प्रथम पुत्र। ठाकुरबाड़ी के अन्यतम प्रतिभावान पुरुष। साहित्य और संगीत में अग्रगण्य थे, इसके अलावा रवीन्द्रनाथ को प्रेरणा देनेवाले निकटतम व्यक्ति। मृत्यु राँची में। उनकी आत्मा पहले

5 नवम्बर को आती है, फिर 28 नवम्बर को भी आती है।

सत्येन्द्रनाथ ठाकुर

जन्म 1842। मृत्यु 1923। रवीन्द्रनाथ के 'मँझले दादा', देवेन्द्रनाथ के द्वितीय पुत्र, भारत के प्रथम आई.सी.एस.। रवीन्द्रनाथ को वही पहले-पहल विलायत ले जाते हैं। पत्नी ज्ञानदानन्दिनी देवी, पुत्र सुरेन्द्रनाथ ठाकुर, कन्या इन्दिरा देवीचौधरानी। उनकी आत्मा 29 नवम्बर को आती है।

हितेन्द्रनाथ

जन्म 1867। मृत्यु 1908। रवीन्द्रनाथ के 'सँझले दादा' हेमेन्द्रनाथ के पुत्र। पत्नी का नाम सरोजिनी। हृदयेन्द्रनाथ एकमात्र पुत्र। हितेन्द्रनाथ रवीन्द्रनाथ के सर्वाधिक प्रिय भतीजा थे। गीत वे बहुत अच्छा गाते थे। उनकी आत्मा 28 नवम्बर को आती है।

बलेन्द्रनाथ

जन्म 1870। मृत्यु 1899। रवीन्द्रनाथ के अग्रज वीरेन्द्रनाथ के पुत्र। इस दिव्यदर्शन-गौरकान्ति भतीजे को रवीन्द्रनाथ अपने पुत्र के समान प्यार करते थे। इन्हें रवीन्द्रनाथ के निकट साहित्यचर्चा की दीक्षा भी मिली। आकस्मिक दुर्घटनावश मात्र 29 वर्ष की आयु में इनकी मृत्यु होती है। किन्तु इसी अल्पवयस में ये बांग्ला साहित्य को कई श्रेष्ठ प्रबन्ध दे गए। बलेन्द्रनाथ की पत्नी थीं साहाना देवी, और माँ प्रफुल्लमयी देवी। बलेन्द्रनाथ की आत्मा 5 नवम्बर को आती है।

अभिज्ञा देवी

जन्म 1873 ई.। रवीन्द्रनाथ के 'सँझले दादा' हेमेन्द्रनाथ ठाकुर की कन्या। पति देवेन्द्रनाथ चट्टोपाध्याय। इन्दिरा देवीचौधरानी से मात्र कुछ मास बड़ी, इसीलिए वे अभिज्ञा को 'बहिनदीदी' (बौनदिदि) कहकर बुलाती थीं। अभिज्ञा गीत बहुत अच्छा गाती थीं। उन्हीं के लिए रवीन्द्रनाथ ने 'तुमि रवे नीरवे' गीत लिखा। अभिज्ञा देवी की आत्मा 6 नवम्बर को आती है।

साहाना ठाकुर

जन्म 1885 ई.। बलेन्द्रनाथ की पत्नी। मात्र 18 वर्ष की आयु में वे विधवा हुई थीं। गीत अच्छा गा लेती थीं। उनकी आत्मा 5 नवम्बर को आती है।

सन्तोषचन्द्र मजूमदार

जन्म 1888। मृत्यु 1926। रवीन्द्रनाथ के मित्र श्रीशचन्द्र मजूमदार के पुत्र। 'शान्तिनिकेतन ब्रह्मचर्य विद्यालय' के प्रथम छात्रदल में से एक। अपने मित्र रथीन्द्रनाथ की भाँति ये भी कृषिशास्त्र के अध्ययन के लिए अमरीका जाते हैं। 1909 ई. में स्वदेश लौटकर शान्तिनिकेतन को अपनी सेवाएँ अर्पित करते हैं। सन्तोषचन्द्र की आत्मा सर्वप्रथम 6 नवम्बर को आती है। बाद में 28 और 29 नवम्बर को आती है।

मणिलाल गांगुलि

जन्म 1888। मृत्यु 1929। अवनीन्द्रनाथ के जामाता। मोहनलाल गंगोपाध्याय

और शोभनलाल गंगोपाध्याय उन्हीं के पुत्र हैं। ठाकुरबाड़ी में ही रहते थे। 'भारती' गोष्ठी के ख्यातनामा साहित्यकार। बांग्ला और बंगाल से सम्बद्ध रहे। जीवनकाल में मणिलाल की 'हावी' थी—प्रेतचर्चा। उनकी आत्मा 5, 28, 29 नवम्बर और 16 दिसम्बर को आती है।

मोहितचन्द्र सेन

जन्म 1870। मृत्यु 1906। रवीन्द्रभक्त अध्यापक। रवीन्द्रनाथ के प्रथम काव्यसंकलन के सम्पादक। कभी शान्तिनिकेतन में अध्यापक भी रहे। ख्यातनामा पंडित। माध्यम उमादेवी के पिता। 1906 ई. में मृत्यु हुई। उनकी आत्मा 28 नवम्बर को आती है।

सतीश राय

जन्म 1782। मृत्यु 1904। सतीश राय ने कुछ दिन शान्तिनिकेतन में अध्यापकी की थी। उनकी कवि-प्रतिभा के प्रति रवीन्द्रनाथ अत्यन्त आदरभाव रखते थे। आदर्श शिक्षक के रूप में भी उन्होंने रवीन्द्रनाथ का स्नेह पाया था। मात्र 22 वर्ष की आयु में चेचक की बीमारी से उनकी असमय मृत्यु होती है। उनकी आत्मा 29 नवम्बर को आती है।

अजित चक्रवर्ती

जन्म 1886। मृत्यु 1918। अजितकुमार चक्रवर्ती रवीन्द्र-साहित्य के अन्यतम श्रेष्ठ समीक्षक, शान्तिनिकेतन के प्रारम्भिक दौर में अध्यापक, मेधावी पंडित एवं अनेक पुस्तकों के प्रणेता थे। रवीन्द्रनाथ उन पर अत्यधिक

स्नेह रखते थे। उनकी आत्मा सर्वप्रथम 5 नवम्बर को आती है। उसके बाद 28 नवम्बर को आती है।

सत्येन्द्रनाथ दत्त

जन्म 1882। मृत्यु 1922। ख्यातनामा कवि, रवीन्द्रनाथ के अन्तरंग शिष्य, प्रबन्धकार अक्षय कुमार दत्त के पौत्र। अनेक काव्यग्रंथों के रचयिता। सत्येन्द्रनाथ दत्त की मृत्यु पर रवीन्द्रनाथ ने एक लम्बी कविता लिखी जो 'पूरबी' में संकलित है। सत्येन दत्त की आत्मा सर्वप्रथम 5 नवम्बर को आती है, बाद में फिर 16 दिसम्बर को आती है।

लोकेन पालित

जन्म 1865 ई.। सर तारकनाथ पालित के पुत्र, रवीन्द्रनाथ के मित्र, रवीन्द्र-साहित्य के रसज्ञ श्रोता। रवीन्द्रनाथ उनको 'क्षणिका' काव्यग्रंथ समर्पित करते हैं। उनकी आत्मा 29 नवम्बर को आती है।

सुकुमार राय

जन्म 1887। मृत्यु 1923। पिता उपेन्द्रकिशोर रायचौधरी। माता विधुमुखी देवी। पुत्र सत्यजित राय। ख्यातनामा शिशु-साहित्य-प्रणेता—बांग्ला भाषा में आज भी अद्वितीय। रवीन्द्रनाथ के अत्यन्त प्रियपात्र थे, घनिष्ठ शिष्यमंडली में से एक। पत्नी सुप्रभा राय रवीन्द्रसंगीत अच्छा गाती थीं। सुकुमार राय की आत्मा 6 नवम्बर को आती है।

लोपामुद्रा चन्द्र

कविशिष्य अपूर्वकुमार चन्द की पत्नी, कविमित्र चारुचन्द्र दत्त की कन्या। 1926 ई. में दो कन्यात्रों और एक पुत्र को छोड़कर अकाल काल-कवलित होती हैं।

शान्ति मित्र

रवीन्द्रनाथ के लिए एक अपरिचिता। इनकी आत्मा 28 नवम्बर को आती है। झाड़ग्रामवासिनी एक महिला की चिट्ठी से पता चलता है कि ये ढाका ट्रेनिंग कॉलेज के भूतपूर्व आचार्य मनोरंजन मित्र की कन्या थीं। 1927 ई. में अल्पवयस में ही मर जाती हैं। लगता है रवीन्द्रनाथ के गीत इन्हें बहुत प्रिय थे।

सर्वजया

रवीन्द्रनाथ के लिए अपरिचिता इस महिला की आत्मा 28 नवम्बर को आती है। रवीन्द्रनाथ की माता शारदा देवी की सखी के रूप में स्वयं अपना परिचय देती हैं। ठाकुरबाड़ी में शायद इनका आना-जाना था।

रासमणि

1929 ई. में 6 नवम्बर को इनकी आत्मा आती है। झोलावारान्दावाला के किसी एक घर की दासी के रूप में अपना परिचय देती हैं। रवीन्द्रनाथ के लिए एक अपरिचित आत्मा।

सरित्वासिनी

यह अपरिचित आत्मा 29 नवम्बर को आती है। अपना परिचय ये देती हैं—'मैं कुलवधू हूँ।' इसके अतिरिक्त बताती हैं कि वे जल में डूबने से मरी थीं।

चंडीबाला

अपरिचित आत्मा। 29 नवम्बर को आती है।

आरती मल्लिक

अपरिचिता। बिना आह्वान के ही उनकी आत्मा 6 नवम्बर को आती है। उनके उत्तर सुनने से लगता है कि वे अपने जीवन-काल में रवीन्द्र-भक्त थीं। एक बार शायद दार्जिलिंग में रवीन्द्रनाथ के साथ उनका परिचय भी हुआ था। अपने पति का नाम वे एम. के. मल्लिक बताती हैं जो दिल्ली में सरकारी नौकरी करते थे।

हालदार मशाइ

अपरिचित आत्मा। उनके कथन से पता चलता है कि 'डाकघर' का अभिनय देखने के क्रम में वे सिर्फ एक बार ठाकुरवाड़ी गए थे। माध्यम पर उनकी आत्मा 6 नवम्बर को उतरती है।

मालाकर

अपरिचित। इनकी आत्मा 28 नवम्बर को आती है। ये स्वयं अपना परिचय 'वार्तावह' (सन्देशवाहक) आत्मा के रूप में देते हैं।

वार्तावह आत्मा

यह अनाम आत्मा 29 नवम्बर को आती है। सम्भवतः यही मालाकर हैं, जो पहले भी एक बार आए थे।

आह्वानकर्ता

रवीन्द्रनाथ

माध्यम

उमा देवी

लिपिकार

डॉ. अमियचन्द्र चक्रवर्ती

मोहनलाल गंगोपाध्याय